JAMAIS FRÈRES ?

Anna Colin Lebedev

JAMAIS FRÈRES ?

Russie-Ukraine, une tragédie postsoviétique

Éditions du Seuil
57, rue Gaston-Tessier, Paris XIXe

*Cet ouvrage a été publié avec l'aimable collaboration
de La Nouvelle Agence, Paris.*

ISBN 978-2-02-151868-9

www.seuil.com

« Nous ne serons jamais frères
Ni de même patrie ni de même mère »

Anastasia Dmytruk,
jeune poétesse ukrainienne, 2014

« Ensemble, nous avons toujours eu et aurons toujours beaucoup plus de force et de succès. Car nous sommes un même peuple. »

Vladimir Poutine,
président de la Fédération de Russie,
juillet 2021

Introduction

À l'hiver 2014-2015, alors que la guerre faisait rage depuis plus de six mois à l'est de l'Ukraine, opposant le gouvernement ukrainien aux forces séparatistes soutenues par la Russie, je suis arrivée à Kyiv dans le cadre d'une mission d'appui organisée par la Fédération internationale pour les droits humains. Je devais aider le Centre des libertés civiques, une jeune ONG ukrainienne, à rédiger un rapport sur les violences contre les civils dans le Donbass à partir des témoignages recueillis sur le terrain auprès des victimes.

Les jeunes bénévoles du Centre revenaient du Donbass avec des enregistrements d'entretiens ; ils se chargeaient ensuite de les transcrire et de vérifier les informations, en s'attachant à rendre compte des violences autant du côté séparatiste que du côté pro-ukrainien.

Un jour où je travaillais sur le rapport, l'une des bénévoles m'a tendu un témoignage qu'elle venait de transcrire. Un jeune Ukrainien y racontait avoir été arrêté, jeté dans une des prisons improvisées par les séparatistes, et torturé par des hommes qui déclaraient être des officiers russes. J'ai lu ce récit glaçant, j'ai serré les dents et je l'ai intégré dans le rapport. La présence des forces militaires russes sur le terrain était déjà largement connue à cette époque. La journée a continué. Et puis, le soir, en rentrant à mon hôtel, je n'ai plus réussi à respirer, prise de panique. La nuit qui a suivi a été une nuit d'angoisse dont je n'ai pas tout de suite saisi la nature. Ce n'est que plus tard que l'évidence s'est imposée à moi : le tortionnaire était russe, la victime était ukrainienne, par mes origines et mon parcours, je m'identifiais autant à l'un qu'à l'autre, et savoir cela me coupait la respiration.

Cette sensation, je l'ai retrouvée décrite dans de nombreux posts de Russes sur les réseaux sociaux après le 24 février 2022, quand la Russie a lancé une invasion de l'Ukraine : le souffle empêché, la boule dans le ventre, l'air épais et noir autour de soi. Ce n'était pas juste l'horreur face aux crimes de guerre, ni seulement la conviction d'un mal en train de s'étendre, mais aussi l'insupportable déchirure d'être du côté de l'agresseur, de celui qu'on pense si connu et si semblable, de celui qu'on a appelé « son frère ». Vécu par les Ukrainiens, le choc de l'invasion armée a été, bien évidemment, d'une autre nature et d'une violence bien supérieure. Il a fait voler en éclats et rendu caduque tout ce qui tissait encore la proximité entre les deux sociétés : l'importance des liens familiaux des deux côtés de la frontière, l'intercompréhension linguistique, les références culturelles communes, la conscience d'un passé partagé.

L'intensité de la douleur provoquée est une manière indirecte de mesurer la force du lien en train d'être détruit, lien qui, cependant, s'était déjà considérablement distendu ces dernières décennies, et, surtout, depuis le début de la guerre en 2014. Non seulement les dynamiques politiques, économiques et sociales de l'Ukraine et de la Russie ont été très différentes depuis la chute de l'URSS en 1991, mais les manières de se percevoir et de percevoir le monde ont considérablement divergé dans les deux pays. L'histoire des décennies soviétiques, souvent présentée comme le socle commun de l'identité des deux peuples, a cessé de jouer ce rôle : Russes et Ukrainiens ne se reconnaissent plus dans la même histoire du XXe siècle.

L'appellation de « peuples frères » et l'appel à l'histoire commune sont pourtant toujours brandis comme des armes politiques. Cela est devenu explicite au moment de la publication par Vladimir Poutine, en juillet 2021, d'un article sur le site du Kremlin intitulé « De l'unité historique des Russes et des Ukrainiens[1] », dont un extrait est placé en exergue de ce livre. Remonter dans un passé lointain, manipulé pour les besoins du message, est un moyen pour le président russe d'essentialiser un lien organique entre les deux peuples dans le passé, qui les contraindrait à l'union dans le présent. Les références au passé utilisées par le président russe ont été déconstruites par les historiens. Surtout, nous savons aujourd'hui que ce discours de fraternité des peuples a justifié une invasion militaire de l'Ukraine par la Russie.

Je suis née et j'ai grandi à Moscou, non en Russie, mais en Union soviétique, dans une famille dont les racines étaient à la fois dans des *shtetl* juifs de Biélorussie, dans les petites villes du sud de la Russie, mais aussi dans la ville de Yuzovka à l'ouest de l'Empire russe qui portera ensuite le nom de

1. Poutine Vladimir, « De l'unité historique des Russes et des Ukrainiens », 12 juillet 2021, consulté le 9 avril 2022, source en russe (Статья Владимира Путина « Об историческом единстве русских и украинцев », http://kremlin.ru/events/president/news/66181).
NB : La traduction des références est de l'autrice. Les noms ont été transcrits selon un principe phonétique, sauf lorsqu'une transcription convenue existait déjà.

Donetsk. Petite moscovite apprenant à chanter « qu'il est grand, mon pays natal », je n'avais aucune conscience de l'histoire et de la culture des périphéries de mon empire. La culture russe était pour moi universelle, Moscou était le centre du monde civilisé, ailleurs ne pouvait être que secondaire.

Abandonner cette lecture du monde ne va pas forcément de soi. En m'installant en France avec mes parents en 1989, j'ai trouvé naturel que les autres exilés géorgiens, arméniens, moldaves autour de nous parlent russe, se réfèrent à la culture russe, et j'éprouvais presque une gêne en les entendant parfois échanger quelques mots dans leur propre langue. Jeune adulte, puis jeune doctorante, j'avais encore gardé une certaine indifférence aux autres pays postsoviétiques que j'avais une tendance paradoxale à assimiler à la Russie, et en même temps à exotiser. Les similitudes visibles, et pourtant trompeuses, sont en effet réelles. L'uniformisation des modes de vie et des habitats voulue à l'époque soviétique a remodelé les paysages et la vie urbaine, et un voyageur familier de la Russie trouve vite des repères dans les villes géorgiennes, kirghizes, moldaves, ukrainiennes. L'usage de la langue russe, plus ou moins fréquent mais encore présent dans les pays de l'ancienne URSS, crée également une illusion de continuité au sein d'un espace culturel commun.

Mes premières recherches se sont faites en Russie, où je n'étais ni vraiment une étrangère, ni plus tout à fait une Russe. Mon immense chance a été de lier par la suite, pendant plusieurs années ma vie professionnelle et personnelle à l'Ukraine. J'ai vécu à Kyiv, conduit des recherches sur des terrains ukrainiens, et sillonné le pays à l'occasion d'écoles d'été pour jeunes chercheurs que nous organisions chaque année avec une équipe de collègues. Le déplacement de regard qui a accompagné ce déplacement physique a été pour moi, en tant que chercheuse et en tant que personne, une ouverture et une révélation. J'ai tiré les leçons de mes maladresses, des fausses pistes que j'avais suivies dans la recherche de la familiarité, de ma méconnaissance de l'Ukraine. J'ai appris la langue ukrainienne et mesuré l'étendue de ce qui m'échappait quand je ne me servais que de mon russe, avec l'arrogance de penser que parler cette langue était suffisant. La proximité entre les deux sociétés m'était toujours perceptible, mais, petit à petit, j'ai mieux ressenti et mieux compris ce qui les séparait.

La proximité et les différences entre les sociétés russe et ukrainienne et les trajectoires de chacune d'entre elles sont l'objet de ce livre. Je ne suivrai pas Vladimir Poutine dans sa plongée dans l'histoire ancienne. Je parlerai plutôt des sociétés contemporaines, telles qu'elles se sont construites depuis la fin de l'URSS il y a trente ans, en prenant des chemins de plus en plus éloignés.

Ce serait d'ailleurs une erreur de considérer qu'à la veille de la dissolution de l'URSS, Russes et Ukrainiens formaient une seule et même société, et que les divergences n'ont émergé que dans la période postsoviétique. Les républiques socialistes soviétiques d'Ukraine et de Russie faisaient partie d'un même État, les institutions étaient identiques, les citoyens avaient le même statut, et la mixité était fréquente entre les deux sociétés. Cependant, la Russie soviétique était le centre, et l'Ukraine une périphérie. L'homogénéisation s'était faite en écrasant un certain nombre de différences, l'histoire commune avait été écrite en gommant certains aspects gênants qui ne rentraient pas dans le récit officiel. Ces divergences n'ont pu se faire jour que dans les dernières années de l'Union soviétique, mais elles étaient déjà présentes dans la vie quotidienne et les mémoires familiales.

La Russie et l'Ukraine ont démarré en 1991 leur existence indépendante avec des bagages différents en termes de taille du territoire, de ressources naturelles, de position géographique, de répartition de la population sur le territoire, d'atouts et de handicaps économiques. Le développement politique des deux pays n'a pas été le même. Ces éléments objectifs ont orienté l'évolution des sociétés russe et ukrainienne, mais les subjectivités politiques ont aussi été considérablement remodelées. La connaissance et la compréhension de l'autre ont progressivement diminué, jusqu'à se muer en une incompréhension brutale à partir de 2014. Deux populations qui avaient beaucoup de choses en commun il y a trente ans ont suivi des chemins différents jusqu'à devenir contraires.

L'analyse rétrospective de l'évolution des sociétés russe et ukrainienne proposée dans ce livre porte la marque du moment où elle est écrite, celui de l'agression russe contre l'Ukraine en 2022. La guerre réoriente la lecture des événements qui la précèdent et peut nous entraîner dans le piège de l'approche téléologique. Il me semble donc important de souligner que les trajectoires contraires suivies par les sociétés russe et ukrainienne ne sont pas un argument suffisant pour expliquer la guerre entre les deux pays. La méconnaissance et la perte de contact entre les deux peuples ne permettent pas, à elles seules, d'expliquer la violence et le soutien à la guerre dans la population russe. Rien n'était écrit d'avance, mais comprendre les deux sociétés nous aide à saisir ce qui se joue dans la guerre entre la Russie et l'Ukraine.

Ce livre cherche à donner quelques clefs de lecture des sociétés russe et ukrainienne, dans ce qui leur est commun et dans ce qui les sépare. Il le fait à travers un certain nombre de sujets qui aident à comprendre ce qui se joue aujourd'hui : le rapport à l'histoire soviétique, la construction d'une mémoire de la Seconde Guerre mondiale, la place des communautés juives et de la mémoire de la Shoah, le rapport à l'État et au pouvoir politique, le rapport à la violence, la place des langues. Il s'appuie pour cela sur une variété de sources : mes propres recherches conduites dans les deux pays, mais aussi les travaux des collègues, ou encore des observations personnelles collectées ces vingt dernières années. Au vu de l'étendue du sujet, le livre n'est qu'une ébauche, et il propose un regard bien plus personnel que ne le fait habituellement un travail de sciences sociales. Le livre décrit également la fracture entre les deux sociétés, lorsque Russes et Ukrainiens ont cessé, en 2014, de partager la même vision de ce qui se joue entre les deux pays, en Crimée et dans le Donbass. En 2022, la fracture s'est transformée en rupture, et un gouffre semble se creuser entre les sociétés russe et ukrainienne.

Aucun livre ne suffira à combler le gouffre et panser l'immense blessure de la guerre. Ce texte se veut cependant un pas dans une direction qui me semble essentielle : ne pas renoncer à connaître et comprendre l'autre.

PREMIÈRE PARTIE

Une même histoire ?

Chapitre I

L'expérience soviétique

Le passé soviétique commun de l'Ukraine et de la Russie est palpable, inscrit dans les paysages, les modes de vie, les histoires familiales. L'architecture ancienne des centres-villes est souvent marquée par une histoire locale, mais les quartiers construits ou reconstruits dans la seconde moitié du XXe siècle se ressemblent comme des cités jumelles. Les quartiers dortoirs, qui sont le canevas de la vie quotidienne, sont bâtis dans les deux pays sur le même modèle, suivant des normes et canons planifiés par l'administration centrale. À Moscou comme à Kyiv, les immeubles de la même époque portent les mêmes noms génériques, liés au dirigeant qui était à la tête de l'URSS au moment de leur construction. Ces « stalinki », « khroushchevki », « brezhnevki » forment un tissu urbain familier pour les habitants de beaucoup de pays post-soviétiques. À Lviv, joyau d'architecture austro-hongroise à l'ouest de l'Ukraine, les barres d'immeubles du grand quartier de Sykhiv érigé dans les années 1980, contrastent ainsi de manière frappante avec le centre historique[1].

1. L'histoire du quartier de Sykhiv a été explorée par les chercheurs du Centre d'histoire urbaine de Lviv (https://www.lvivcenter.org), et

Les Ukrainiens et Russes de plus de cinquante ans, ceux qui avaient une vingtaine d'années quand l'URSS s'est effondrée, ont grandi dans le même pays. Une grande partie d'entre eux ont vu les mêmes films à la télévision, étudié sur les mêmes manuels à l'école, adhéré au même mouvement de jeunesses communistes, fredonné les mêmes chansons, porté les mêmes vêtements, acheté les mêmes glaces dans des kiosques de glaciers construits sur le même modèle. La centralisation de l'économie planifiée et l'attachement à la transmission d'une culture soviétique commune ont standardisé les modes de vie et créé des mémoires partagées. Aujourd'hui encore, les souvenirs de cette époque sont remplis de tendresse liée à l'enfance : le goût des bonbons, les airs de chansons des dessins animés, les fins cahiers d'écolier aux couvertures vertes.

Si la mémoire de l'époque soviétique diffère selon les régions d'ex-URSS, partout l'on peut trouver des personnes qui regrettent les politiques économiques et sociales, mais aussi les valeurs d'égalité, de travail et de solidarité qui leur ont donné l'impression de vivre une vie digne. C'est à ce sentiment très répandu que fait écho Vladimir Poutine lorsqu'il déclare en 2005 dans une interview donnée aux journalistes allemands que « celui qui ne regrette pas l'effondrement de l'URSS n'a pas de cœur[1] ».

---

notamment Natalia Mysak. Voir par exemple Natalia Mysak, « Interconnection of Built Environment and Social Composition of Architectural Space of Post-War Socialistic Housing Estates », *Housing Enviroment*, 0(15), 2016, p. 118-123, disponible en ligne : https://www.housingenvironment.pk.edu.pl/srodowisko/article/view/277 (consulté le 2 avril 2022).

1. « Poutine considère que la dissolution de l'URSS a été une tragédie pour des millions de personnes », *RIA Novosti*, 5 mai 2005, consulté le 3 mai 2022, source en russe (« Путин считает, что распад СССР стал трагедией для миллионов – РИА Новости », https://ria.ru/20050505/39937603.html).

Pour ces générations, l'Union soviétique était aussi le pays où avait débuté leur carrière, pour certains en dehors de leur région d'origine, au gré des affectations et des histoires familiales. Des régions industrielles, telles que le Donbass minier, ont accueilli, au cours du XXe siècle, d'importants flux de migrations intrasoviétiques. Celles-ci ont changé la composition ethnique des territoires, entraînant non pas un cloisonnement des communautés, mais, au contraire, une mixité des populations encouragée par le pouvoir : les identités locales devaient perdre de l'importance au profit d'une identité soviétique englobante qui participait au projet modernisateur porté par l'URSS. Pour une grande partie de la population ukrainienne, écrit l'historien ukrainien Andriy Portnov, « l'époque soviétique, était celle du bien-être, de la protection sociale et de la stabilité et, d'autre part, de la pression politique exercée par la Russie »[1].

En effet, derrière les récits épiques des jeunes Soviétiques traversant leur pays pour contribuer à la construction de l'économie socialiste, les histoires familiales recèlent souvent des parcours migratoires bien plus douloureux, où les déportations, répressions, déplacements forcés ont imprimé leurs marques. C'est par exemple le cas de la famille de Viatcheslav que nous avons interrogée avec ma collègue, l'historienne Cloé Drieu, dans le cadre d'un projet de recherche sur les vétérans de la guerre soviétique en Afghanistan[2]. Viatcheslav était un ancien officier d'un corps d'élite de l'armée

1. Voir Mink Georges et Bonnard Pascal (dir.), *Le Passé au présent. Gisements mémoriels et actions historicisantes en Europe centrale et orientale*, Paris, Houdiard, 2010, p. 193.

2. Projet « Témoignages de guerres dans les aires soviétiques et post-soviétiques. Regards croisés : Afghanistan (1979-1989)/Tchétchénie (1994-2009) », entretien réalisé le 24 février 2015 : https://www.politika.io/

soviétique dont l'unité a été parmi les dernières à quitter l'Afghanistan en 1989. Né en 1960 dans la ville d'Alchevsk à l'est de l'Ukraine, d'une mère russe et d'un père aux origines ukrainiennes et biélorusses, son groupe ethnique d'appartenance était, comme pour tous les Soviétiques, mentionné dans ses papiers d'identité, et ses parents avaient fait le choix de l'inscrire comme russe[1]. Ses parents s'étaient connus en Sibérie : son père était l'enfant d'un paysan biélorusse déporté dans cette région dans le cadre de la campagne de dékoulakisation, lutte contre les paysans aisés conduite par le pouvoir soviétique au début des années 1930. C'est au cours de cet exil sibérien que son père était né, et c'est à l'occasion de son service militaire qu'il avait rencontré sa mère, Russe de l'Oural, avec qui ils avaient décidé de partir à Alchevsk dans le Donbass où de nombreux emplois étaient à pourvoir dans le secteur industriel. La sœur de Viatcheslav vit aujourd'hui en Russie, alors que lui-même, après une carrière qui l'a conduit aux quatre coins de l'URSS, s'est installé à Kyiv. Au cours de l'entretien, Viatcheslav nous avait confié à quel point la prise de conscience des répressions soviétiques ayant frappé sa famille était importante dans le cheminement personnel qui l'avait amené à se sentir de plus en plus ukrainien, alors même que l'appartenance ethnique inscrite dans ses papiers d'identité était « russe », et que son

---

fr/article/moi-viatcheslav-kuprienko-ancien-officier-forces-speciales-afghanistan-19871989

1. L'état civil soviétique combinait deux indicateurs : la « citoyenneté », soviétique pour tous, et la « nationalité » qui était le groupe ethnique d'appartenance. Ce dernier a pu être défini, selon les moments de l'histoire de l'URSS, *via* l'auto-déclaration, l'attribution par une instance étatique ou la filiation. Lorsqu'un enfant naissait dans un couple ethniquement mixte, les parents pouvaient choisir entre la nationalité du père et celle de la mère.

parcours d'officier d'élite s'inscrivait parfaitement dans les biographies modèles de l'Union soviétique. C'est en s'instruisant très tardivement sur la lutte pour l'indépendance ukrainienne et le traitement réservé par Staline aux Ukrainiens que ses certitudes sur l'histoire de son pays s'étaient fissurées. Cependant, le regard critique sur le passé soviétique ne l'empêchait pas de donner du sens à ses années d'officier, aux valeurs qu'il portait et à la manière dont il formait et encadrait ses soldats. Ce rapport complexe au passé, surtout personnel et familial, se retrouve chez beaucoup d'anciens citoyens de l'URSS, y compris dans des pays comme les pays baltes qui ont rejeté fermement et explicitement la période soviétique de leur histoire comme période d'occupation. La mémoire de l'époque soviétique reste aujourd'hui, en Russie comme en Ukraine, un « passé qui ne passe pas[1] » et qui façonne le présent.

L'expérience soviétique est en effet complexe. L'industrialisation et l'urbanisation, l'éducation de masse et la promotion méritocratique, les services publics et l'accessibilité de la culture, la stabilité et la prévisibilité du lendemain, la faible disparité de revenus et l'absence de culture de l'enrichissement sont, tout autant que le régime politique, des marqueurs forts des décennies soviétiques. La fin de l'Union soviétique a offert une ouverture et des opportunités nouvelles, mais était aussi un moment terrible de perte de repères. La Russie comme l'Ukraine ont vécu dans les années 1990 une crise économique sans précédent, un bouleversement des hiérarchies sociales et une criminalisation de la société.

1. Expression utilisée par Rousso Henry dans *Le Syndrome de Vichy. de 1944 à nos jours*, 2. éd., Paris, Seuil, « Points Histoire », 2001.

La transformation économique a durement frappé les secteurs qui étaient auparavant les fleurons de l'industrie russe, entre autres les industries lourdes peu adaptées à des logiques marchandes et victimes de la dislocation de l'URSS qui les privait de leurs clients et des conditions préférentielles dont elles bénéficiaient. En Ukraine comme en Russie, les retards de paiement des salaires, voire le paiement d'une partie des salaires en nature, sont devenus monnaie courante dans les années 1990, plongeant les travailleurs dans la précarité et les forçant à chercher des sources de revenus complémentaires. En 1991 le choc a été double : d'une part, le remplacement d'un revenu garanti par la misère ; d'autre part, le sentiment de perte de son identité professionnelle et d'une place valorisée dans la société où être ingénieur, ouvrier, médecin, enseignant, c'était aussi remplir une mission socialement importante. Toutes les régions n'ont pas subi ce bouleversement de la même manière. Les grandes villes offraient davantage de perspectives. Les régions les plus industrialisées comme le Donbass, celles-là mêmes qui étaient le fleuron de l'industrie métallurgique et minière, et avaient le plus bénéficié des politiques soviétiques, là où les salaires étaient les plus élevés pour les travailleurs, ont été les premières victimes de ce changement. C'était le cas en particulier des villes bâties autour d'une ou plusieurs entreprises industrielles majeures, comme Krivyi Rih, ville de l'est de l'Ukraine dont est originaire le président ukrainien Volodymyr Zelensky. Ses mines de fer et ses entreprises métallurgiques peinent encore aujourd'hui à sortir d'un état de crise économique[1].

1. Gorbach Denys, *The (un)making of the Ukrainian Working Class. Everyday Politics and Moral Economy in a Post-Socialist City*, thèse de doctorat de science politique, Sciences Po Paris, 2022, (dactyl.).

Donetsk ou Louhansk, mais aussi toutes les « monovilles », ces cités bâties autour d'une industrie structurante, ont été aussi particulièrement touchées, nourrissant l'amertume des populations locales. Les régions plus rurales ont, elles, connu une crise économique importante, mais le contraste a été moindre avec la période soviétique.

Si le choc de la transition a pu être encaissé par les sociétés, c'est parce que le système soviétique apparaissait, à la fin des années 1980, comme inacceptable, à la fois inefficace pour assurer un niveau de vie équivalent aux pays occidentaux, mais aussi criminel, fondé sur une violence de masse de l'État soviétique contre son peuple.

Les répressions du régime stalinien à partir des années 1930 ont touché la totalité du territoire et des populations de l'Union soviétique, mais ce n'est qu'à partir de la mort de Staline, en 1953, et plus encore à partir des années 1980, à la faveur de la politique de *glasnost'* (transparence) portée par Mikhail Gorbatchev, qu'elles ont pu être condamnées et documentées. Les premières années qui ont suivi la chute de l'URSS ont été celles du « plus jamais », en Russie comme en Ukraine : la volonté de tirer un trait sur la violence répressive et de construire des régimes politiques ouverts et pluralistes a été partagée par les deux sociétés. Mais, progressivement, l'évolution politique de chacun des deux pays a conduit à l'émergence des mémoires collectives très différentes, avec, en Ukraine, une mémoire douloureuse qui a joué un rôle central dans la construction de la nation, alors que la Russie a pris le chemin d'une amnésie progressive des pages violentes de son histoire. Un événement tragique joue un rôle central dans la mémoire collective ukrainienne du XXe siècle : la Grande Famine ou *Holodomor* en ukrainien.

Dès la fin des années 1920, le pouvoir soviétique lance une politique de collectivisation de l'agriculture dans l'ensemble de l'Union soviétique. Il s'agit de supprimer la propriété privée sur la terre, le bétail et les machines agricoles, afin de les remplacer par des fermes collectives étatiques, et de faire des paysans propriétaires des salariés de l'État. Cette politique obéissait à la fois à un objectif de rationalité économique visant à favoriser l'exportation des produits agricoles et le financement d'une industrialisation accélérée, mais aussi à la volonté de transformer des masses paysannes jugées arriérées et conservatrices en prolétaires des campagnes soutenant la construction de l'URSS. La collectivisation a rencontré des résistances partout sur le territoire de l'URSS, et, partout, des politiques d'expropriation, de déportation ou d'extermination des paysans hostiles ont été mises en place. Les victimes de ces répressions par vagues se comptent en millions[1]. Les répressions contre les paysans en Ukraine, dont les terres riches et fertiles étaient particulièrement importantes pour le pouvoir soviétique, ont cependant pris une forme et une ampleur tout à fait particulières. Le pouvoir soviétique a organisé, entre 1931 et 1933, une véritable famine à visée politique dans les campagnes ukrainiennes. Alors que les paysans échouaient à remplir les plans de livraison de blé irréalistes qui leur étaient imposés, Moscou a imposé une politique de plus en plus dure et répressive. Les forces de l'ordre ont confisqué d'abord les récoltes et les semences,

1. Werth Nicolas, « Les Crimes de masse sous Staline (1930-1953) », Sciences Po « Violence de masse et Résistance », réseau de recherche, https://www.sciencespo.fr/mass-violence-war-massacre-resistance/fr/document/les-crimes-de-masse-sous-staline-1930-1953.html, 28 décembre 2009, consulté le 3 mai 2022.

CARTE BANCAIRE
** BONJOUR **
A0000000421010
CB
le 24/10/22 a 11:04:25
FNAC
RENNES
0389975
33447335200816
18829
************1721
F2D910B3D18BA81C
002 001 206237
C
No AUTO :
MONTANT= 29,00 EUR
DEBIT
TICKET CLIENT
A CONSERVER
MERCI DE VOTRE VISITE
002 / 0008 Ticket = 000032

mais, au bout d'un moment, se sont attaquées aux réserves personnelles trouvées en fouillant les maisons, confisquant jusqu'au dernier pot de soupe. Toute dissimulation de nourriture, tout ramassage d'épis de blé dans les champs, toute tentative de fuir vers la ville ont été punis, car qualifiés d'action antisoviétique. Le pouvoir politique s'est montré d'une indifférence impitoyable face à la souffrance et à la mort de millions de paysans. Les démographes s'accordent aujourd'hui sur le chiffre vertigineux de 4 millions de victimes de la famine en Ukraine[1]. Le désaccord persiste cependant sur les intentions des autorités soviétiques. S'agissait-il d'attaquer une classe sociale, les paysans, ou d'exterminer un peuple, les Ukrainiens ? Il est d'autant plus difficile de répondre que, dans l'esprit de Staline, souligne l'historien Nicolas Werth, les deux sont indissociables : briser la paysannerie, c'est en même temps briser le socle de la résistance ukrainienne au projet soviétique[2]. Aux yeux des historiens ukrainiens, la Grande Famine est un génocide, car c'est le peuple ukrainien et ses aspirations à se gouverner lui-même qui est l'ennemi traqué par les autorités soviétiques. Pour le chercheur italien Andrea Graziosi, le projet répressif initial était semblable en Ukraine et dans d'autres régions, mais, au fur et à mesure, la répression des Ukrainiens a changé et pris un caractère génocidaire[3]. Les historiens russes reconnaissent

1. Rudnytskyi O.P., Levchuk N.M., Wolowyna O., Shevchuk P.E. et Kovbasiuk A.B., « Demography of a Man-Made Human Catastrophe: the Case of Massive Famine in Ukraine 1932-1933 », *Demography and Social Economy*, n° 2, 2015, p. 11-30.
2. Werth Nicolas, « Retour sur la Grande Famine ukrainienne de 1932-1933 », *Vingtième Siècle. Revue d'histoire*, n° 1, vol. 121, 2014
3. Graziosi Andrea, « Les famines soviétiques de 1931-1933 et le Holodomor ukrainien. Une nouvelle interprétation est-elle possible et quelles

qu'il s'agit d'une page tragique de l'histoire soviétique, mais rejettent l'idée d'une spécificité de la famine ukrainienne, la mettant sur le même plan que les famines répressives dans les régions russes de la Volga ou du Kouban dont la population était d'ailleurs majoritairement ukrainienne. Les démographes ukrainiens ont démontré que l'intensité meurtrière de la famine était, en fait, beaucoup plus élevée en Ukraine que dans ces régions agricoles de Russie.

Dans les années 2000, la Grande Famine est devenue un élément central de construction de l'identité ukrainienne, notamment à partir de 2006 lorsque l'État a officiellement reconnu le Holodomor comme génocide de la nation ukrainienne. Les Ukrainiens se sont approprié la mémoire de cette tragédie, chacun cherchant dans les récits des grands-parents et les archives familiales comment leur famille avait survécu à cette période. Le soir du 27 novembre, date de commémoration des victimes de la Grande Famine, nombreux sont ceux qui allument un cierge à leur fenêtre pour partager et entretenir le souvenir. La mémoire de la Grande Famine structure également la vision ukrainienne de la Russie, jugée d'autant plus responsable qu'elle minimise cet événement tragique.

Officiellement, les programmes scolaires russes d'histoire doivent transmettre l'histoire de la collectivisation et des violences qui l'accompagnent aux élèves en fin de cursus scolaire. Un coup d'œil sur quelques manuels permet cependant de constater que la mention de la répression par la faim est brève et évasive. Dans certains, l'Ukraine n'est même pas mentionnée. Dans d'autres, elle est citée au passage et mise sur le même plan que d'autres régions victimes de famine.

---

en seraient les conséquences ? », *Cahiers du monde russe*, n° 46/3, vol. 46, 1er juillet 2005, p. 453-472.

Mais, surtout, la famine est présentée comme un débordement des politiques répressives, et on interroge davantage les élèves sur l'efficacité ou l'inefficacité supposée de la collectivisation pour redresser l'agriculture en Union soviétique que sur ses tragiques conséquences humaines.

En Russie, les années 1990 ont été celles du consensus sur la condamnation des horreurs du stalinisme. Dès octobre 1991, l'un des premiers actes législatifs adoptés par l'État russe était une loi qui se donnait pour objectif la réhabilitation de toutes les victimes des répressions politiques sur le territoire de la Fédération de Russie depuis 1917[1], et un décret du président Eltsine de 1992 ordonnait l'ouverture des archives des répressions[2]. Cependant, si près de quatre millions de victimes russes, selon les données fournies par l'ONG Memorial, ont été réhabilitées, l'État et la société n'ont pas forcément donné une place centrale à la mémoire des violences politiques. Ainsi, malgré un décret du président Eltsine de 1992 ordonnant le libre accès aux archives des répressions, les services spéciaux et les autorités locales n'ont que partiellement ouvert les archives. Après une première phase d'intérêt pour l'histoire traumatique du stalinisme, l'État comme la société s'en sont progressivement désintéressés dans les années 1990. La liberté d'expression et la rupture par rapport à l'URSS étaient la posture affichée par l'État, mais rouvrir les plaies du passé

1. Loi de la Fédération de Russie du 3 septembre 1993 n° 5698-I « De la réhabilitation des victimes des répressions politiques », source en russe (« О реабилитации жертв политических репрессий » Закон Российской Федерации от 03.09.93 г. N 5698-I).
2. Décret du président de la Fédération de Russie n° 658, 1992, portant sur la levée des restrictions d'accès aux actes législatifs et autres qui ont servi de base à la répression de masse et aux violations des droits de l'homme.

était potentiellement risqué pour le pouvoir, qui par ailleurs, se concentrait sur les questions économiques et les jeux politiques. Cependant, cette décennie a donné la possibilité aux activistes et aux historiens de faire des recherches et d'en publier les résultats. La période qui lui a succédé, les années 2000 de Vladimir Poutine, a été celle de l'occultation des pages noires de l'histoire. Cet échec de l'État russe sous Eltsine à faire un véritable retour critique sur le passé soviétique a préparé l'instrumentalisation sans précédent de l'histoire sous Poutine, affirme l'historien russe Nikolay Koposov[1]. Alors que le passé n'a jamais été aussi présent dans le discours politique, le pouvoir russe est aujourd'hui l'auteur de véritables « crimes contre l'histoire » selon l'expression du rapport de la Fédération internationale pour les droits de l'homme, publié en 2021[2]. L'accès aux archives, central pour le travail de mémoire, a été quasiment verrouillé par différents mécanismes de classification des dossiers, d'allongement de délais de communicabilité ou de refus d'accès aux documents contenant des données personnelles. Les événements commémoratifs des répressions ont été de plus en plus empêchés ou n'ont été autorisés que dans des formats très réduits. Surtout, les organisations non gouvernementales investies dans la mise en lumière et la diffusion d'informations sur les crimes du stalinisme ont été victimes des traques contre les ONG indépendantes. En 2016,

1. Koposov, Nikolay. *Memory Laws, Memory Wars: The Politics of the Past in Europe and Russia*. 1re éd., Cambridge, Cambridge University Press. 2017, p. 237. En ligne : https://www.cambridge.org/core/product/identifier/9781108304047/type/book, consulté le 7 mai 2022.

2. « Russie : "crimes contre l'histoire" », rapport du FIDH, juin 2021 : https://www.fidh.org/IMG/pdf/rapport_russie_pad_fr_web.pdf, consulté le 6 mai 2022.

l'ONG « Perm-36 », qui avait fondé et gérait le musée éponyme ouvert dans une ancienne colonie pénitentiaire, et qui reconstituait le contexte et les conditions de détention du camp, a été déclarée agent de l'étranger et a été forcée de se dissoudre. La même année, ont commencé les persécutions judiciaires contre l'historien Iouri Dmitriev, responsable d'un bureau local de l'ONG Mémorial International, qui avait mis au jour des charniers de plus de 9 000 corps de victimes du stalinisme. Dmitriev a été condamné à quinze ans de prison pour des charges fabriquées. Après de nombreuses attaques, c'est l'ONG « Mémorial international » elle-même, institution centrale de dénonciation des crimes du stalinisme depuis la fin des années 1980, qui a été dissoute par une décision de justice du 28 décembre 2021. Les programmes scolaires d'histoire ont beau contenir des pages sur les répressions staliniennes, le récit met de plus en plus en évidence les dimensions glorieuses de l'histoire soviétique. La réhabilitation de la figure de Staline n'est pas passée par le déni de ses crimes, mais par leur minimisation au profit des succès du régime : industrialisation, modernisation, grandeur sur la scène internationale, victoire sur le nazisme. Dans le discours officiel sur le passé, c'est aussi grâce à Staline, vainqueur de Hitler, que l'URSS est devenue une grande puissance internationale. Alors qu'en 1992, 30 % des Russes pensaient que Staline avait été un grand leader, ils sont 56 % en 2021, selon une enquête du centre Levada. Ils n'étaient que 16 % en Ukraine la même année[1]. De nombreux Russes

1. « La relation à Staline : Russie et Ukraine », Enquête du centre Levada, 23 juin 2021, consulté le 7 mai 2022, source en russe (Левада-центр, « Отношение к Сталину : Россия и Украина », https://www.levada.ru/2021/06/23/otnoshenie-k-stalinu-rossiya-i-ukraina/).

ignorent des pans entiers de leur histoire familiale. C'est vrai des familles des victimes, qui n'ont pas forcément eu l'occasion de parler, mais c'est encore plus vrai des familles des bourreaux dont l'histoire reste un tabou majeur en Russie. Dans cette société de plus en plus amnésique, les victimes ont été réhabilitées pour des crimes qui n'ont pas d'auteur.

Chapitre 2

La Seconde Guerre mondiale une victoire écrasante

La minimisation des crimes du stalinisme a été une constante des années poutiniennes en Russie, mais c'est incontestablement la confrontation avec l'Ukraine qui a été un point de basculement à partir duquel une histoire gênante est devenue une histoire à effacer de l'espace public. L'essentiel des politiques répressives russes contre l'histoire et les historiens a été mis en place à partir de 2014, après l'annexion de la Crimée et l'intervention dans le Donbass. L'agression armée s'est doublée dès 2014 d'une guerre mémorielle dont le point de cristallisation a été l'histoire de la Seconde Guerre mondiale. Dans les pays issus de la dissolution de l'Union soviétique, l'histoire de la Seconde Guerre mondiale n'est pas un récit ; elle est un champ de bataille. Les controverses sur le passé y révèlent des divergences fondamentales, des douleurs non cicatrisées, des choix politiques et des manières de penser l'avenir très différents.

La Seconde Guerre mondiale, en tout cas la période où l'URSS y a été impliquée, entre 1941 et 1945, porte depuis l'époque soviétique le nom de Grande Guerre patriotique. Le nom n'est pas neutre, et les dates ne le sont pas non plus.

Elles effacent de l'histoire de la guerre les premières années du conflit, l'occupation soviétique en 1939 d'une partie de la Pologne devenue ensuite Ukraine occidentale, reléguant cet événement à la périphérie ou aux prémices du conflit armé.

L'histoire de la Seconde Guerre mondiale écrite en Union soviétique et qui a été la seule autorisée dans ce pays pendant de longues décennies est fortement marquée par l'idéologie. Ce récit historique reposait sur plusieurs messages clefs : le rôle central de l'Union soviétique dans la victoire contre le nazisme ; l'immensité du sacrifice consenti par le pays ; la gloire du soldat soviétique ; l'élan patriotique unanime et sans faille de la population civile de l'URSS. Chacun de ces éléments fait effectivement partie de l'histoire de la Seconde Guerre mondiale. Cependant, les angles morts de ce récit historique officiel sont multiples. Un certain nombre de faits ont été occultés, tels que la signature par l'URSS et l'Allemagne nazie du protocole additionnel du pacte de non-agression, dit pacte Molotov-Ribbentrop, en août 1939. Ce protocole délimitait les zones à annexer par chacune des deux puissances en Europe, et entérinait notamment la partition de la Pologne en zone soviétique et zone allemande. L'impréparation de l'Armée rouge à la guerre qui a entraîné d'immenses sacrifices humains dans les premières années du conflit n'a jamais été évoquée dans l'histoire officielle. La Shoah a également été effacée, noyée dans une évocation globale de civils soviétiques victimes de la barbarie nazie. La collaboration, minimisée, n'a jamais été expliquée autrement que comme un choix d'individus déviants, rebuts de la société soviétique. C'est aussi à partir du milieu des années 1970 que le discours soviétique a commencé à cibler la diaspora ukrainienne, surtout en Amérique du Nord, l'accusant d'avoir collaboré avec les nazis. Le cas de John Demjanjuk, a notamment été largement médiatisé. Ce garde ukrainien des camps de la mort nazis, installé aux États-Unis après la guerre, a été le figurant d'une véritable saga judiciaire qui a duré près de trente années, avec plusieurs procès aux États-Unis, en Israël et en Allemagne. La figure de Demjanjuk est devenue pour le large public un symbole de la collaboration[1]. Le récit de la guerre s'est uniformisé et s'est solidifié dans une vision héroïque surplombante. Les tombes du soldat inconnu et les monuments anonymes aux civils victimes du nazisme se sont multipliés sur les sites liés à la guerre, et ont consacré un récit qui ne s'encombrait pas de restituer le nom et l'histoire de chaque victime, ni même de les compter précisément. Même si, au fur et à mesure des années, des activistes locaux ont pu ajouter sur les stèles des fosses communes des noms de ces combattants dont les corps ont pu être retrouvés sur les sites des batailles, la plupart du temps, l'histoire de la guerre s'écrit en grands nombres et non en listes de personnes.

Dans les familles, la mémoire de la guerre a continué à être intime, douloureuse et complexe. À partir des années 1970, une mémoire de la guerre à hauteur d'homme a commencé à se transmettre. Une chanson, celle que Boulat Okoudjava, lui-même ancien combattant, a composée pour le film *Gare de Biélorussie*, devenue un classique, fait particulièrement écho au ressenti et à la mémoire de la guerre d'un très grand nombre de citoyens soviétiques. Le film raconte les retrouvailles d'un groupe de vétérans de la guerre, vingt ans après sa fin, à l'occasion de l'enterrement de leur ancien commandant, et la

1. « John Demjanjuk : les poursuites contre un collaborateur des nazis », https://encyclopedia.ushmm.org/content/fr/article/john-demjanjuk-prosecution-of-a-nazi-collaborator, consulté le 29 juin 2022.

chanson est celle de leur bataillon qu'ils interprètent, au bord des larmes. « La planète tourne en brûlant », chante l'actrice Nina Urgant qui joue une ancienne infirmière. « La fumée s'élève au-dessus de notre patrie. Cela veut dire qu'il nous faut la victoire, une unique victoire, une seule pour tous et quel qu'en soit le prix. » « Une seule victoire pour tous », cette idée rend bien compte de l'extraordinaire élan qui a conduit un grand nombre de Soviétiques à tout donner, voire à tout sacrifier dans le combat contre le nazisme. Cependant, elle est aussi trompeuse. Vue de Lviv, la Seconde Guerre mondiale n'était pas exactement la même que vue de Moscou.

Plusieurs des territoires qui composaient l'Union soviétique en 1945 ont été intégrés dans l'URSS au moment de la guerre : l'Ukraine et la Biélorussie occidentales, les pays baltes, une partie de la Roumanie (la Bessarabie et la Bucovine du Nord). Ces conquêtes territoriales étaient qualifiées de libération dans l'historiographie soviétique. Aujourd'hui encore, les manuels russes d'histoire sont ambigus sur le sujet, affirmant par exemple que l'Armée rouge avait reçu l'ordre en 1939 de « libérer les territoires d'Ukraine et de Biélorussie occidentales[1] », et que l'annexion de ces territoires faisait suite à une demande de leurs assemblées élues. L'ordre correspondait-il à une réalité du terrain ? Qui représentaient ces assemblées ? Rien n'est dit à ce sujet et les élèves du secondaire ne se posent sans doute pas la question. Il s'agit pourtant d'un épisode d'une grande violence, dont l'écho est encore perceptible dans la justification par le pouvoir russe

1. Torkounov A.V. (dir.), *Histoire de la Russie*, 10e classe, 2e partie, 2016, p. 4, source en russe (Торкунов А.В., История России – 10 класс – 2 часть, Москва : Просвещение., 2016).

de son invasion de l'Ukraine en 2022, au nom d'une libération des populations locales du pouvoir oppresseur de Kyiv.

L'histoire de la guerre en Ukraine, notamment occidentale, est complexe. Cette région fait partie de ce que l'historien Timothy Snyder qualifie de « terres de sang[1] », lieux de massacres de masse perpétrés aussi bien par le régime nazi et que par le régime soviétique entre les années 1930 et les années 1950. Sur le territoire de l'Ukraine centrale et orientale, la violence du pouvoir nazi a été terrible, mais l'Allemagne a été assez clairement identifiée comme occupant par la population locale. La situation était bien plus ambiguë dans les régions d'Ukraine occidentale, issues du démembrement de la Pologne.

En Europe centrale, la préoccupation pour la construction nationale est forte dans la première moitié du XXe siècle, et des mouvements nationalistes émergent, y compris parmi les Ukrainiens. Des populations ethniquement ukrainiennes étaient majoritaires dans la partie de l'Ukraine contemporaine qui appartenait à l'Empire russe, mais une forte minorité ukrainienne vivait aussi dans des provinces orientales qui appartenaient à la Pologne, et les mouvements de libération nationale y ont été très actifs dès le début du siècle. Pendant la période soviétique, après une première phase de valorisation des cultures nationales, le pouvoir a cherché dès les années 1930 à réprimer violemment l'élite culturelle ukrainienne en associant au « nationalisme » la résistance à la collectivisation. De l'autre côté de la frontière soviétique, en Pologne orientale, les mouvements nationalistes et notamment l'OUN, Organisation des nationalistes ukrainiens aux

1. Snyder Timothy, *Terres de sang. L'Europe entre Hitler et Staline*, Paris, Gallimard, 2012 ; « Folio », 2019.

modes d'action terroristes, se sont développés après la Première Guerre mondiale en se positionnant contre l'État polonais. Lorsqu'en 1939 celui-ci a été démembré et décapité par les nazis, l'OUN s'est allié avec le renseignement militaire allemand en y percevant une opportunité de constitution d'un État ukrainien indépendant. Des bataillons composés d'Ukrainiens[1] ont servi d'auxiliaires à l'armée allemande. Lorsque l'Allemagne nazie a attaqué l'Union soviétique en juin 1941 et occupé à son tour la Pologne orientale, l'OUN a proclamé à Lviv une Ukraine indépendante, à la fois de la Pologne et de l'Union soviétique. Cependant, ce projet n'a pas été bien accueilli par le pouvoir nazi qui a lancé dès 1941 une large action répressive contre l'OUN, arrêtant notamment son plus important leader, Stepan Bandera, resté prisonnier des Allemands de juillet 1941 à septembre 1944. Un nombre considérable de nationalistes ukrainiens a cependant continué la collaboration avec le pouvoir nazi, certains dans la police allemande, d'autres dans la division militarisée Waffen-SS Galicie. Les policiers ukrainiens avaient la tâche de participer aux opérations allemandes contre les Juifs dans le cadre de la Shoah, alors que les membres de l'UPA, l'Armée insurrectionnelle ukrainienne, formée en 1943 dans les régions polonaises de l'Ukraine, ont perpétré des massacres contre des civils polonais. Ces faits sont avérés et largement documentés[2].

1. Sur les Ukrainiens dans les forces armées nazies, voir Khromeychuk Olesya, « Ukrainians in the German Armed Forces During the Second World War », *History. The Journal of the Historical Association*, n° 343, vol. 100, 2015, p. 704-724.
2. Himka John-Paul, *Ukrainian nationalists and the Holocaust: OUN and UPA's participation in the destruction of Ukrainian Jewry, 1941-1944*, Stuttgart, Ibidem Verlag, « Ukrainian voices », 2021 ; Marples David,

Pour comprendre le choix de collaboration de cette partie des Ukrainiens pendant la guerre, il est important de prendre conscience du piège que Timothy Snyder décrit sous le terme de « double occupation »[1]. Les territoires qui ont été parmi les lieux majeurs des massacres des civils pendant la Seconde Guerre mondiale ont été consécutivement occupés par l'Union soviétique à partir de 1939, par l'Allemagne nazie à partir de 1941, et ensuite à nouveau par l'Union soviétique à la fin de la guerre. L'occupation allemande de la Pologne orientale a été meurtrière, mais l'occupation soviétique qui l'a précédée l'a été tout autant. Exécutions, emprisonnements et déportations massives sont des politiques que le pouvoir soviétique avait mises en œuvre pour installer le contrôle sur le territoire conquis. Elles ont touché massivement les Polonais, mais aussi les Ukrainiens et les Juifs. Lorsque l'armée soviétique a quitté ces régions en 1941 devant l'avancée de l'armée allemande, le pouvoir a pris la décision d'exécuter les 10 000 prisonniers politiques qui étaient détenus dans ses prisons, dont un nombre important de nationalistes ukrainiens. Leurs corps laissés à ciel ouvert ont été parmi les premières choses que les nazis ont trouvés en entrant en Pologne orientale. Preuve, selon les Allemands, de la sauvagerie soviétique, et, parmi ces Soviétiques, en premier lieu, des Juifs. Dans la propagande nazie, derrière le pouvoir soviétique se tenaient les Juifs qui dirigeaient l'État bolchévique. Les nazis avaient fourni à la frange la plus

Heroes and Villains., s.l., Central European University Press, 2007 ; Snyder Timothy, *Terres de sang : l'Europe entre Hitler et Staline*, *op. cit.*

1. Voir Snyder Timothy, *La Reconstruction des nations. Pologne, Ukraine, Lituanie, Belarus (1569-1999)*, Paris, Gallimard, 2017 ; Id., *Terres de sang : l'Europe entre Hitler et Staline*, *op. cit.*

radicale des mouvements nationalistes ukrainiens, la seule ayant survécu à la répression de l'occupation soviétique, un cadre explicatif et un mode d'action, rendant possible, selon Snyder, l'engrenage de la violence. La destruction des États et la décapitation des élites locales ont aussi créé les conditions de possibilité d'une violence de masse et, tout particulièrement, de la Shoah[1]. Rien de cette complexité n'apparaît dans l'histoire soviétique de la Seconde Guerre mondiale qui n'accepte aucune nuance de gris, ne cherche pas à comprendre les ressorts de l'engagement dans la collaboration et fait une figure repoussoir diabolique du personnage de Stepan Bandera, pourtant prisonnier des Allemands pendant une bonne partie de la guerre.

Plus de 200 000 Ukrainiens ont intégré les forces allemandes[2], mais plus de quatre millions d'Ukrainiens ont combattu les nazis au sein de l'Armée rouge[3]. Il est important de rappeler ces ordres de grandeur pour éviter des généralisations abusives. Dans leur immense majorité, les Ukrainiens ont lutté contre l'occupation allemande. Cependant, tout n'est pas une question de nombres, surtout après la guerre, lorsqu'il s'agit de juger et de donner un sens à l'engagement des uns et des autres.

À son indépendance en 1991, l'Ukraine, comme d'autres anciennes républiques soviétiques, s'est engagée dans la construction d'un récit national, et a cherché à identifier des

1. Snyder Timothy, *Black earth: the Holocaust as History and Warning*, New York, Tim Duggan Books, 2015.
2. Khromeychuk Olesya, « Ukrainians in the German Armed Forces During the Second World War », art. cité, P. 704-724.
3. Shankovsky Lev, « Soviet Army », *Internet Encyclopedia of Ukraine*, Canadian Institute of Ukrainian Studies, consulté le 26 mai 2022.

figures mythiques et des références historiques susceptibles d'incarner l'histoire ukrainienne. Dans le récit mémoriel du XXe siècle, deux événements ont pris une place centrale : le Holodomor, et le combat pour l'indépendance ukrainienne de la première moitié du XXe siècle. Dans les deux cas, il s'agissait aussi pour l'Ukraine d'écrire ou de réécrire des pans de l'histoire oubliés, minimisés ou déformés par l'historiographie soviétique. Rien d'étonnant à ce qu'un État national nouvellement indépendant cherche dans son histoire des figures qui ont porté le projet de construction d'une nation ukrainienne. La difficulté réside dans le fait que ces figures de combattants de l'indépendance sont aussi celles de collaborateurs ayant trempé dans les massacres de masse perpétrés par les nazis. La mise en récit du combat pour la nation ukrainienne a amené à une réhabilitation de l'OUN en tant que force politique de libération nationale. Les actions de l'UPA, branche armée du mouvement nationaliste, ont été décrites dans la nouvelle histoire ukrainienne comme un combat contre deux forces du mal équivalentes, le stalinisme et le nazisme, dans un objectif de défense de la nation ukrainienne. Dans ce récit, l'alliance tactique avec les forces allemandes est occultée et l'implication des nationalistes dans la Shoah et les pogroms sont passés sous silence.

C'est cette histoire sélective que raconte par exemple le musée-prison de Lviv. La prison de la rue Lonsky, utilisée successivement par les pouvoirs polonais, soviétique et allemand, fait partie de ces terribles lieux de détention qui ont également servi de lieux de massacre dans les années 1930-1940. Le nom donné à la prison est « Musée-mémorial des victimes des régimes d'occupation », et, dans le récit promu par le musée, cette occupation est triple : polonaise, soviétique et nazie. Parmi les victimes, on trouve aussi bien des Polonais, des Ukrainiens que des Juifs, mais le récit muséal en fait un lieu de mémoire dédié uniquement aux nationalistes ukrainiens, présentés comme victimes des trois régimes. Début 2010, le président ukrainien Viktor Iouchtchenko, dans une décision controversée, a accordé à Stepan Bandera le statut de « héros de l'Ukraine ». Deux ans plus tard, il lui a été retiré par son successeur Viktor Ianoukovitch.

L'action de l'OUN-UPA pendant la Seconde Guerre mondiale est la page la plus controversée de l'histoire ukrainienne. Le débat sur cette question a toujours été passionné, voire houleux, dans l'espace public ukrainien comme dans les communautés des historiens, signe qu'il s'agit d'une plaie qui a du mal à cicatriser. La virulence même du débat montre une société qui se pose des questions et pour qui le sujet est loin d'être clos. Ainsi, l'historienne ukrainienne Marta Havryshko, qui travaille sur la violence sexuelle dans le mouvement nationaliste[1], raconte être fréquemment la cible de reproches et même d'intimidations ou de menaces. On l'accuse de jeter le discrédit sur les combattants nationalistes. Il n'en reste pas moins que ses travaux sont publiés, y compris en Ukraine, et que sa contribution est reconnue comme majeure par les historiens ukrainiens et internationaux.

Pour la majorité des Ukrainiens, les deux histoires, celle du combat nationaliste contre l'occupant soviétique et celle

1. Voir par exemple Havryshko Marta, « Love and Sex in Wartime », *Aspasia*, n° 1, vol. 12, 1er janvier 2018, ou *id.*, *En surmontant le silence : histoires féminines de la guerre*, Kharkiv, Klub Semeïnogo Dosuga, 2018, livre en ukrainien (*Долаючи тишу. Жіночі історії війни*, Клуб Семейного Досуга, 2018).

du combat des soldats soviétiques contre l'occupant nazi, coexistent dans les mémoires familiales et collectives. Le musée local « d'histoire du mouvement de libération » que je me rappelle avoir visité dans la bourgade de Kosiv, dans les Carpates, en est une illustration parfaite. La salle principale du petit musée consiste en deux murs de photos qui se font face. D'un côté de la pièce, les photos et biographies des combattants nationalistes de l'UPA de la région. De l'autre côté, un alignement de photos et biographies de partisans soviétiques. L'exposition ne donnait aucune explication supplémentaire, mais laissait coexister les deux histoires. La réhabilitation du nazisme n'a, en revanche, jamais été à l'ordre du jour dans le récit historique ukrainien.

En 2015, une série de lois mémorielles ukrainiennes tentaient d'atteindre le même équilibre fragile. L'une d'entre elles honorait officiellement l'ensemble des combattants pour la cause nationale, non seulement les nationalistes des années 1940, mais aussi les personnalités représentant la république ukrainienne de 1917-1919, ainsi que les dissidents ukrainiens de l'époque soviétique. Une autre fixait le cadre officiel de la commémoration de la victoire sur le nazisme, avec deux dates : le 8 mai, jour de commémoration de toutes les victimes, et le 9 mai, date célébrant la victoire sur le nazisme, utilisée depuis l'époque soviétique à laquelle beaucoup de citoyens ukrainiens sont attachés. Une troisième loi condamnait deux régimes totalitaires, soviétique et nazi, mis sur un pied d'égalité, et interdisait leurs symboles. Adoptées dans la première année de la guerre dans le Donbass, en 2015, ces lois portent la marque du conflit russo-ukrainien : il s'agit d'affirmer à la fois l'attachement à la mémoire des indépendantistes ukrainiens et le rejet officiel de l'idéologie nazie dont Moscou clamait déjà en 2014 la restauration en Ukraine. Ces lois sont également un miroir de celles adoptées en Russie au mois de mai 2014 qui pénalisaient la « diffusion d'informations sciemment fausses sur les activités de l'URSS pendant la Seconde Guerre mondiale et sur les vétérans de la Grande Guerre patriotique[1] ». Conflit armé et guerre des mémoires officielles vont de pair.

Lorsque l'Union soviétique disparaît en 1991, elle entraîne avec elle les références historiques qui jalonnaient la mémoire collective des citoyens russes. Comment s'identifier à la révolution bolchévique lorsque son projet a été enterré ? Comment être fier de l'histoire soviétique lorsqu'on la découvre meurtrière et écrasante ? Seulement deux événements historiques, de portée inégale, apparaissent comme incontestablement positifs et sont un motif de fierté des Russes après la chute de l'URSS : la victoire dans la Grande Guerre patriotique et l'envoi du premier homme dans l'espace[2]. La célébration de la victoire a continué tout au long des années 1990, mais sans être véritablement portée par le pouvoir politique russe dont les préoccupations étaient ailleurs. Si la responsabilité du pouvoir soviétique dans les pertes terribles du début de la guerre a été mise sur la place publique, certains tabous historiques n'ont pas vraiment été levés. Ainsi, le lien entre la violence des répressions soviétiques et la réticence de certaines recrues à défendre le régime qui avait fusillé, emprisonné ou déporté leurs familles, a été

1. Loi fédérale du 5 mai 2014 n°128 FZ.
2. Levada Youri, « L'homme soviétique ordinaire dix ans plus tard : 1989-1999 », *Monitoring de l'opinion publique*, n° 3, vol. 41, 1999, source en russe (Левада Юрий, « "Человек Советский" десять лет спустя : 1989-1999 », *Мониторинг общественного мнения*, n. 3, т. 41, 1999).

très peu étudié en Russie, alors même qu'il avait été documentée par les historiens tels que Catherine Merridale dont le livre consacré au soldat soviétique n'a jamais été traduit en russe[1]. Les violences perpétrées par l'Armée rouge ont été évoquées ici et là dans des publications, mais n'ont jamais été intégrées dans la mémoire canonique de la guerre. Les viols par l'Armée rouge en territoire allemand à la fin de la guerre, documentés par des historiens étrangers[2], sont un sujet tabou en Russie. À partir de 1995, les parades militaires du 9 mai ont repris, mais sans faire défiler les armes. Des travaux historiques importants sur la guerre ont toutefois été produits dans les années 1990, avec une collaboration intense entre les historiens russes et leurs homologues étrangers.

Avec l'arrivée de Vladimir Poutine à la présidence de la Russie, l'histoire et la mémoire de la Grande Guerre patriotique ont été progressivement appropriées, politisées et instrumentalisées par le pouvoir. C'est surtout à partir de 2008, dans un contexte de tension montante avec l'Occident et de croissance de la puissance militaire russe que la commémoration a commencé à se militariser et prendre des intonations vindicatives. À partir de cette année-là, les parades militaires de célébration ont à nouveau exhibé l'armement. Un nouveau symbole, le ruban de Saint-Georges orange et noir, a d'abord été introduit en 2005 par l'agence de presse RIA Novosti et l'association « Communauté étudiante », initiative en direction de

1. Merridale Catherine, *Les Guerriers du froid. Vie et mort des soldats de l'Armée rouge (1939-1945)*, Paris, Fayard, 2012.
2. Beevor Antony, *La Chute de Berlin*, nouvelle éd., Paris, Calmann-Lévy, 2021.

la jeunesse proche du pouvoir, avant d'être généralisé et approprié par les autorités. Ce ruban, dont les couleurs se retrouvent dans l'héraldique russe et soviétique, mais sans être très évocatrices pour la population, avait d'abord été proposé comme alternative mémorielle aux drapeaux rouges soviétiques. Initialement vierge de toute connotation, il s'est rapidement chargé d'un sens nouveau, celui du soutien aux initiatives du Kremlin. Porter le ruban, l'accrocher à sa voiture ou sur son lieu de travail, est devenu non seulement un acte commémoratif, mais aussi un signe d'appartenance à une communauté politique, celle qui soutient les valeurs portées par le pouvoir en place. Le ruban est définitivement devenu un symbole pro-pouvoir à partir de 2014, quand les combattants séparatistes russes ont fait le choix de l'utiliser comme signe de reconnaissance sur le front du Donbass. Le Kremlin a également repris à son compte, en la déformant, une autre initiative venue de la société, celle du Régiment immortel. Un groupe d'activistes de Tomsk en Sibérie avait lancé en 2012 l'idée de défiler le 9 mai avec le portrait d'un membre de sa famille, vétéran de la Grande Guerre patriotique. L'initiative avait eu un très grand succès, permettant aux Russes de se réapproprier la mémoire de la guerre, alors qu'il ne restait que très peu de vétérans en vie pour transmettre leur témoignage. Rapidement, le Kremlin a incorporé le défilé du Régiment immortel dans le programme officiel de commémoration, le vidant partiellement de sa substance. Régulièrement, on a rapporté des cas de fonctionnaires ou groupes d'employés forcés par leurs directeurs à rejoindre le défilé en portant un portrait distribué au début de la manifestation, arborant le visage d'une personne qu'ils ne connaissaient pas. Le Régiment immortel est également devenu, en se diffusant dans les autres pays d'ex-URSS et au-delà, un élément de *soft power* russe, cherchant à fédérer de manière consensuelle les diasporas, mais aussi les populations locales, et soulignant le rôle central de l'Union soviétique dans la victoire sur le nazisme. On ne peut nier la sincérité des motivations de ceux qui participent à un tel mouvement, mais son appropriation par le Kremlin lui a donné une portée politique. Il met en scène aujourd'hui, souligne la chercheuse Julie Fedor, le soutien au pouvoir manifesté non seulement par les vivants, mais aussi par les morts[1]. La mobilisation au nom de la guerre passe aussi par des enfants, à travers des pratiques de déguisement en uniforme ou de décoration des poussettes afin de les faire ressembler à des tanks. Des visuels largement diffusés, mettant en scène le viol d'un svastika par une faucille et un marteau, explicités par la légende « 1941-1945, nous pouvons le refaire », ont fini de lier la Seconde Guerre mondiale aux conflits politiques du présent. Alors que les pratiques commémoratives telles que celle du Régiment immortel étaient pensées par leurs créateurs comme des évocations d'une guerre passée, pour le camp pro-Kremlin elles sont devenues des discours sur les guerres présentes et futures, souligne Fedor. La mobilisation de la mémoire au service d'une guerre à venir s'est accompagnée en Russie d'un musellement encore plus radical de la recherche historique. La révision de 2020 a, en effet, introduit dans la Constitution russe un article spécifiquement dédié. « La Fédération de Russie honore la mémoire

1. Fedor Julie, « Memory, Kinship, and the Mobilization of the Dead: The Russian State and the "Immortal Regiment" Movement », *War and Memory in Russia, Ukraine and Belarus*, s.l., Palgrave Macmillan, Cham, 2017, p. 307-345.

des défenseurs de la patrie et assure la protection de la vérité historique », clame l'article 67.1. « Il est interdit de remettre en question l'exploit du peuple dans la défense de la Patrie. » Constitutionnellement, l'État russe est depuis 2020 dans le camp du Bien et ferme les yeux sur tout ce qui pourrait remettre en question cette affirmation.

Chapitre 3

Se confronter à la Shoah

Le discours insistant du pouvoir russe qui dénonce depuis 2014 la présence de néonazis au sein des cercles politiques et militaires ukrainiens a un double destinataire. En premier lieu, il s'agit de donner à la population russe, surtout depuis l'invasion de février 2022, une grille de lecture simplificatrice en guise de repoussoir. Mais ce discours vise aussi les opinions occidentales, particulièrement sensibles à la suspicion de néonazisme dans un pays qui a été l'un des lieux principaux de la Shoah pendant la Seconde Guerre mondiale, et dans lequel une partie de la population a participé aux massacres des Juifs.

Les territoires des confins occidentaux de l'Union soviétique, Ukraine, mais aussi Biélorussie, Lituanie ou Moldavie, ont en effet hébergé l'essentiel des communautés juives est-européennes. Jusqu'en 1915, l'installation des Juifs dans l'Empire russe n'était pas autorisée dans les grandes villes comme Saint-Pétersbourg, Moscou ou Kyiv, et devait se limiter à une « Zone de résidence ». Les Juifs étaient particulièrement nombreux dans les villes d'Ukraine à la veille de la Seconde Guerre mondiale, représentant un tiers de la population à Odessa ou à Lviv, un quart à Kyiv, mais plus de la moitié dans une petite ville comme Berdytchiv, à 200 kilomètres à l'est de la capitale. L'espace urbain porte la marque de ces communautés, avec, notamment, d'anciennes synagogues et *yeshivas*, mais aussi des hôtels particuliers et des lieux culturels financés par des Juifs aisés. La ville aujourd'hui ukrainienne de Tchernivtsy en Bucovine, à la frontière roumaine, a ainsi été la très cosmopolite Czernowitz, dont l'impressionnant mélange de langues, de populations et de cultures, dont la culture juive, est toujours célébré aujourd'hui. À l'inverse, la diversité est un peu moins présente dans les campagnes. Les communautés rurales sont majoritairement ukrainiennes et ukrainophones en Ukraine centrale et orientale, ukrainiennes et polonaises ou ukrainiennes et roumaines aux confins occidentaux de l'Union soviétique, mais les villages du Sud-Est comptent aussi des communautés allemandes mennonites ou encore des communautés grecques.

Trois millions de Juifs vivaient en Union soviétique en 1939, avant l'annexion de régions polonaises et roumaines. La moitié d'entre eux habitait en Ukraine et un tiers en Russie[1]. L'annexion des territoires ukrainiens de l'Ouest (Galicie, Volhynie, Carpathes, Bucovine) a ajouté 1,5 million de Juifs à la population soviétique. Des lieux centraux de l'histoire du judaïsme se trouvent sur le territoire de l'Union soviétique. Ainsi, la communauté ultraorthodoxe des Loubavitch a ses origines dans le village de Loubavitchi, dans la région de Smolensk en Russie. La ville ukrainienne d'Ouman, dans la région de Cherkasy, a été le cœur de la communauté hassidique autour du rabbi Nachman de Breslau.

1. Recensement de la population soviétique de 1939, reproduit par *Demoscope Weekly* : http://www.demoscope.ru/weekly/ssp/sng_nac_39.php?reg=0, consulté le 24 avril 2022.

Les recensements de la population, mais aussi le système d'état civil soviétique qui attribue un groupe ethnique d'appartenance à chaque citoyen, rendent visible la diversité des origines de la population. Dans ce système de recensement, le terme « Juif » ne désigne pas une appartenance religieuse, mais un groupe ethnique, inscrit sur les papiers d'identité et transmis de parent à enfant. Dans les villes et villages ukrainiens, les Juifs ont été traditionnellement artisans ou commerçants, mais, avec l'installation du régime soviétique, les limitations ont été levées, et les populations juives ont pu circuler plus librement. Cette émancipation apportée par les Soviets a conduit de nombreuses personnes d'origine juive à adhérer au projet soviétique et à en devenir des promoteurs actifs. Dans les premières décennies soviétiques, les Juifs étaient nombreux parmi les cadres du Parti communiste, dans les professions intellectuelles, artistiques ou scientifiques. Non-pratiquants et urbains, ils étaient souvent en rupture avec la culture yiddish des petites bourgades, et ont incarné aux yeux de la population un pouvoir soviétique qui exigeait des citoyens de se détacher de leurs racines locales et de leur milieu d'origine. Certaines personnalités ont cependant cherché, dans ces années-là à faire la synthèse entre la culture de leurs origines et la modernisation soviétique. Le Théâtre yiddish d'État de Moscou en est un exemple. À la veille de la Seconde Guerre mondiale, la population juive avait donc une longue histoire et une forte présence en Union soviétique, même si l'émancipation et l'exode dans les villes ont eu tendance à la diluer dans la masse des citoyens soviétiques.

Lorsque l'armée allemande a attaqué l'Union soviétique en 1941, l'Ukraine est devenue l'un des lieux où s'est perpétrée la « Shoah par balles[1] », cette phase du génocide de la population juive qui s'est déroulée en dehors des camps de la mort, en périphérie des villes ou en bordure des villages. Après avoir été exécutés, les Juifs ont été jetés dans des fosses communes recouvertes ensuite de terre. La plus grande, celle de Babi Yar à Kyiv, a vu, en septembre 1941, le massacre de près de 34 000 Juifs, mais a ensuite servi de lieu d'exécution par les Allemands d'autres victimes. À Smolensk en Russie, le lieu-dit Zmiyovskaya Balka a été un site d'extermination de plus de 27 000 personnes, pour l'essentiel des Juifs[2]. Mais chaque ville et chaque bourgade hébergeant une communauté juive a fait l'objet d'un ratissage systématique, et les fosses communes de la Shoah par balles, de taille variable, constellent une grande partie du territoire ukrainien. On considère que près d'un million et demi de Juifs des territoires composant aujourd'hui l'Ukraine ont été exécutés ainsi, à proximité de chez eux.

La tragédie de la Shoah a touché beaucoup plus durement l'Ukraine que la Russie. Si l'armée allemande a traversé de part en part l'Ukraine, elle s'est avancée moins loin sur le territoire russe, et plus de Juifs ont pu se sauver en quittant leur lieu d'habitation. À l'été 1941, l'armée allemande est entrée à Lviv en quelques jours, mais sa progression a été ralentie au fur et à mesure de son avancée sur le territoire ukrainien, laissant plus de temps aux populations juives pour fuir. Les chances de survie d'un Juif d'Ukraine dépendaient aussi dans

1. Desbois Patrick, *Porteur de mémoires. Sur les traces de la Shoah par balles*, Paris, Michel Lafon, 2007.
2. Romanova Elena, « Le chemin du ravin », *Novaya Gazeta*, 25 janvier 2022, consulté le 2 avril 2022, source en russe (« Дорога к оврагу », *Новая газета*, 25 января 2022 года, https://novayagazeta.ru/articles/2022/01/25/doroga-k-ovragu).

une large mesure de l'endroit où il résidait. Seulement 5 % des Juifs ont pu s'échapper ou être évacués de Volhynie en Ukraine de l'Ouest. Deux tiers des Juifs de Zhytomyr, en Ukraine centrale, et 80 % des Juifs de Smolensk en Russie, ont réussi à fuir[1]. Le chiffrage des victimes est difficile, en raison de la faible fiabilité des sources disponibles, mais aussi du changement considérable de frontières et des mouvements de population pendant la guerre. Selon les estimations faites au milieu des années 1990, près de 2,5 millions de Juifs ont été exterminés sur le territoire de l'Union soviétique, soit un peu moins de la moitié du nombre total des victimes de la Shoah. Parmi ceux-là, 1,6 million, soit presque les deux tiers, étaient originaires des territoires intégrés dans l'URSS entre 1939 et 1944, et surtout d'Ukraine occidentale[2]. On estime à 1,5 million le nombre de victimes de la Shoah originaires de l'Ukraine dans ses frontières contemporaines[3], et 150 000 victimes juives originaires de Russie, soit dix fois moins[4].

La question de la participation des populations locales à la Shoah est un point sensible de cette histoire. La collaboration

1. Arad Yitzhak, *The Holocaust in the Soviet Union*, Lincoln: Jerusalem, University of Nebraska Press/Yad Vashem, « The comprehensive history of the Holocaust », 2009, chapitre 7.

2. Kupovetsky Mark, « Jewish Population Losses During World War II Within The Prewar (September 1939) And Postwar Borders of the USSR » *in* Alfred Kokh et Pavel Polian (dir.), *Denial of the Denial, or the Battle of Auschwitz*, Boston, Academic Studies Press, 2019, p. 149-170.

3. Internet *Encyclopedia of Ukraine*, http://www.encyclopediaofukraine.com/display.asp?linkpath=pages%5CH%5CO%5CHolocaust.htm, consulté le 25 avril 2022.

4. Petrenko Vasilij Âkovlevič, *Avant et après Auschwitz (1933-2001)*, suivi de Altman Ilya et Ingerflom Claudio, *Le Kremlin et la Shoah (1933-2001)*, Paris, Flammarion, 2002, p. 265.

des Ukrainiens avec les nazis a été largement documentée par les historiens[1]. Les militants et hommes armés nationalistes ont fait partie des commandos orchestrant plusieurs pogroms à l'ouest de l'Ukraine, les voisins russes et ukrainiens ont dénoncé les familles juives. Les conflits entre communautés et les sentiments antisémites présents à l'époque en Ukraine y ont trouvé une nouvelle et terrifiante expression.

Qu'il s'agisse de massacres perpétrés en Ukraine ou en Russie, à la fin de la Seconde Guerre mondiale, c'est l'Union soviétique qui a écrit l'histoire de l'extermination des Juifs sur son territoire. Cette histoire soviétique a rapidement effacé la Shoah de la mémoire officielle de la guerre.

Pendant la guerre et dans l'immédiat après-guerre, les commissions d'enquêtes de l'Armée rouge ont documenté dans les rapports les violences perpétrées contre les Juifs par les nazis, et fait état des fosses communes où les victimes juives ont été fusillées. Dans un travail monumental, Ilya Ehrenbourg et Vassili Grossman ont collecté des preuves du massacre des Juifs dans un *Livre noir*[2]. Cependant, l'historiographie officielle, tout en rendant compte des massacres de civils, a de plus en plus effacé la mention de leur judéité. *Le Livre noir* a été interdit de publication et n'a pas pu voir le jour avant la chute de l'URSS. Des monuments et stèles commémoratives ont progressivement été installés sur les lieux de massacre identifiés ou à proximité de

1. Himka John-Paul, *Ukrainian nationalists and the Holocaust: OUN and UPA's participation in the destruction of Ukrainian Jewry, 1941-1944*, Stuttgart, Ibidem Verlag, 2021.
2. Ehrenbourg Ilya et Grossman Vassili, *Le Livre noir. Textes et témoignages*, Arles, Actes Sud/Solin, 2019.

ces sites, avec des inscriptions uniformes rendant hommage aux « citoyens soviétiques pacifiques » victimes de la barbarie nazie. La Shoah disparaissait dans le décompte général des pertes civiles colossales de l'Union soviétique. Dans le même mouvement, les livres d'histoire soviétiques se refusaient de faire mention de l'identité juive des victimes.

Plusieurs éléments permettent de comprendre cet effacement de la Shoah de la mémoire de la guerre. L'antisémitisme virulent de Staline, convaincu d'un complot juif autour de lui, est un facteur d'explication, mais il ne permet pas de comprendre pourquoi le silence s'est perpétué après sa mort. Il faut considérer également la logique dans laquelle l'histoire de la guerre a été écrite. Pour le pouvoir soviétique, il ne pouvait y avoir qu'un seul martyr et un seul vainqueur, le peuple soviétique. Le séparer en catégories de victimes était problématique. En effet, à la différence de l'Europe occidentale, en Union soviétique les Juifs n'apparaissaient pas forcément comme les principales victimes des nazis, tant le nombre de civils non-juifs tués par les nazis a été important. Comment donner une place à part aux 2,5 millions de victimes juives, alors que 1,5 million de civils biélorusses ou 2 millions de civils ukrainiens étaient morts de la main des occupants ? Enfin, le récit de l'extermination de masse ne collait pas avec le discours officiel de résistance du peuple soviétique, et risquait de mettre en lumière la collaboration des voisins russes ou ukrainiens des Juifs massacrés[1].

Les Juifs ont tout simplement disparu de l'histoire de la guerre, et une bonne partie de l'histoire juive de la région est tombée dans l'oubli. L'historien américain Omer Bartov en

1. Baranova Olga, « Politics of Memory of the Holocaust in the Soviet Union », Vienne, IWM, 2015, vol. XXXIV.

parle avec émotion dans son livre *Erased: Vanishing Traces of Jewish Galicia in Present-Day Ukraine* où il évoque la disparition des traces des Juifs dans la petite ville de Buczaz en Ukraine occidentale d'où sa famille est issue[1]. Tout comme les églises orthodoxes, les vieilles synagogues ont été utilisées comme salles de sport, granges ou silos à grain. Les maisons jusqu'alors habitées par les Juifs ont été investies par d'autres, dans un contexte de pénurie générale des logements. Les cimetières juifs ont été délaissés, certains ont même disparu. Les vieilles pierres tombales ont servi de matériau de construction dès les années 1940, dans les fondations des bâtiments ou le pavage des rues. Ainsi, dans la petite ville d'Ostroh, en Ukraine occidentale, autrefois centre spirituel et intellectuel important d'Europe centrale, le cimetière juif datant du XVe siècle avait été transformé dans les années 1960 en un parc. Je me rappelle avoir déambulé sur ses allées où, par endroits, affleuraient sous le bitume les pierres tombales, couchées à plat et alignées sous la couche d'asphalte, placées là pour consolider le chemin. Mais ce qui était choquant aux yeux du visiteur étranger, les habitants ne le remarquaient peut-être même plus, tant tous les autres signes de l'ancienne présence des Juifs avaient disparu de l'espace public.

Avec les communautés juives exterminées à plus de 70 % en Ukraine, à 95 % à l'ouest de Kyiv, et à 36 % dans le reste de l'URSS[2], il n'y avait souvent plus de descendants pour entretenir ces cimetières ou se soucier du devenir des

1. Bartov Omer, *Erased: vanishing traces of Jewish Galicia in present-day Ukraine*, Oxford, Princeton University Press, 2007.
2. Kupovetsky Mark, « Jewish Population Losses During World War II Within The Prewar (September 1939) And Postwar Borders of the USSR », *in* Alfred Kokh et Pavel Polian (dir.), *Denial of the Denial, or the Battle of Auschwitz*, *op. cit.*

bâtiments historiques, et l'antisémitisme de l'État soviétique n'incitait pas les survivants à soulever la question de la préservation de l'héritage juif. L'émigration de nombreux juifs soviétiques à partir des années 1970, et surtout après la disparition de l'URSS, avait fini de vider les territoires de la présence juive. Selon le démographe Mark Tolts, il y avait 2,1 millions de Juifs en URSS en 1970. Ils n'étaient plus que 250 000 sur le territoire de l'ex-Union soviétique en 2019[1].

Après la disparition de l'Union soviétique, toutes les anciennes républiques ayant connu l'extermination de leur population juive ont dû écrire leur propre histoire de la Shoah et l'inscrire dans le récit national, dans les pratiques commémoratives et dans le paysage urbain. Cette question a émergé rapidement, portée par les initiatives locales, mais aussi alimentée par l'activisme des communautés juives étrangères, particulièrement importantes dans un contexte où les Juifs étaient de moins en moins nombreux sur place.

C'est vers le milieu des années 1990 que la mention des victimes juives est devenue visible dans l'espace public. En 1991, à l'initiative des diasporas juives et avec leur soutien financier, un monument en forme de chandelier à sept branches, la *menorah*, a été érigé sur le site de massacre de Babi Yar à Kyiv. Des panneaux en russe et en yiddish, expliquant que des Juifs avaient été exécutés sur le site, ont été ajoutés sur le grand monument soviétique des années 1970. Les mêmes initiatives ont été prises un peu partout en

1. Tolts Mark, *A Half-Century of Jewish Emigration from the Former Soviet Union: Demographic Aspects*, https://daviscenter.fas.harvard.edu/events/half-century-jewish-emigration-former-soviet-union-demographic-aspects, 20 novembre 2019, consulté le 30 juin 2022.

Ukraine, Russie et Biélorussie, redonnant une visibilité et une spécificité à la Shoah, inscrivant cette histoire dans une vision européenne partagée de la guerre. Cependant, après ce premier moment commun de remise en question du récit soviétique officiel, la mémoire de la Shoah a pris des chemins très différents en Russie et en Ukraine.

Dans les années 1990 en Russie, le contexte d'ouverture politique a permis à des organisations non gouvernementales telles que le Centre Holocauste de produire et transmettre de la connaissance sur le massacre des Juifs pendant la Seconde Guerre mondiale. Un nombre considérable de travaux ont été écrits, des projets éducatifs ont pu se mettre en place. Cependant, selon Ilya Altman, fondateur du Centre Holocauste, jusqu'au début des années 2000, on pouvait qualifier la Russie de « centre mondial de négation de la Shoah », tant le négationnisme était présent dans la société[1]. Ce n'est qu'en 2003 que le terme « Holocauste » apparaît dans les recommandations pédagogiques, mais tous les manuels publiés dans les années 2000 ne mentionnent pas la Shoah. À la fin des années 2000, une commission d'experts a constaté que certains manuels d'histoire de l'école secondaire contenaient toujours des présentations de la communauté juive qui pouvaient être qualifiées d'antisémites[2]. Les années Poutine ont consacré un positionnement ambigu

1. Altman Ilya, « La mémoire de la Shoah en Russie contemporaine », *Dekoder*, 21 mai 2021, consulté le 26 avril 2022, source en russe (Альтман Илья, « Память о Холокосте в современной России », *Декодер*, 21 мая 2021 года, https://www.dekoder.org/ru/gnose/pamyat-o-holokoste-v-sovremennoy-rossii).
2. Mukhamedyarova Lidia, « Une histoire pas pour les enfants », *Nezavisimaya Gazeta*, 13 février 2008, consulté le 26 avril 2022, source en russe (Мухамедьярова Лидия, « Недетская история », *Независимая газета*, 13 февраля 2008, http://www.ng.ru/politics/2008-02-13/3_history.html).

du pouvoir, entre reconnaissance et instrumentalisation de la Shoah. D'un côté, Vladimir Poutine se réfère à la Shoah dans ses discours mémoriels, s'affiche régulièrement aux côtés du grand rabbin russe Berl Lazar et participe à des événements commémoratifs. Un « Musée juif et centre de la tolérance » a été ouvert à Moscou en 2012. La communauté juive a donc une présence dans l'espace public russe, et la Shoah fait désormais partie de l'histoire officielle de la guerre. De l'autre côté, le discours du pouvoir sur la Shoah est politiquement marqué : la tragédie est reconnue, mais le peuple russe ne porte aucune part de responsabilité dans son déroulement. En juin 2019, le président russe participe ainsi à l'ouverture d'un monument aux héros de la résistance des camps et ghettos nazis, érigé dans le Musée juif. « L'extermination de masse, l'extermination des êtres humains à la chaîne, est un crime brutal du nazisme qui ne peut jamais être pardonné », dit Vladimir Poutine dans son discours, pour revenir ensuite sur ceux qui ont collaboré avec les nazis. « Il n'y a pas non plus d'excuse pour ceux qui se sont volontairement rendus complices de ces atrocités : les bandéristes, les membres des légions SS et les bandes nationalistes qui ont semé la mort dans les pays baltes, en Ukraine et dans les pays d'Europe. »[1] Le message est clair : la collaboration est du côté de l'Ukraine, des soutiens nationalistes de Stepan Bandera, des pays baltes, d'autres pays européens, mais pas du côté de la Russie. La Shoah a concerné des citoyens russes, mais les discours du président russe ne mentionnent

1. Président de la Fédération de Russie, « Visite du Musée juif et du Centre de la tolérance », site officiel, 4 juin 2019, consulté le 26 avril 2022, source en russe (Посещение Еврейского музея и Центра толерантности, http://kremlin.ru/events/president/news/60657, 4 июня 2019 года).

pas les massacres qui se sont déroulés sur le territoire de la Russie, souligne Ilya Altman[1].

Le retour vers une mémoire glorificatrice de la Grande Guerre patriotique promue par le Kremlin passe aussi parfois par un nouvel effacement de la Shoah de la mémoire collective. Le site du massacre de Smolensk, Zmiyovskaya Balka, avec ses 27 000 victimes[2], est d'une échelle comparable à Babi Yar, mais reste à peine connu du public russe et international. Un monument aux civils soviétiques a été érigé sur le site dans les années 1970. Une nouvelle plaque a été installée en 2004, indiquant que les personnes exterminées dans le ravin les 11 et 12 août 1942 étaient des Juifs. « C'est le plus grand mémorial de la Shoah de Russie », mentionnait la plaque. En 2013, les pouvoirs locaux ont cependant à nouveau changé le texte. Il souligne désormais que « parmi les tués, il y avait des représentants de nombreuses nationalités ». Sans mentionner la Shoah, la plaque indique que « Zmiyovskaya Balka est le plus grand lieu d'extermination massive de Juifs par les envahisseurs nazis pendant la Grande Guerre patriotique sur le territoire de la Fédération de Russie ». Surtout, soulignent les historiens locaux, la société comme le pouvoir sont indifférents à l'histoire et à la mémoire de ce lieu de massacre[3]. Cette indifférence nourrie de méconnaissance se retrouve également dans la population : ni formée, ni sensibilisée, celle-ci perçoit la Shoah comme une problématique marginale et extérieure à l'histoire de la guerre côté russe. La société russe est de plus en plus xénophobe : près de la moitié des Russes

1. Altman Ilya, « La mémoire de la Shoah en Russie contemporaine », art. cité.
2. Romanova Elena, « Le chemin du ravin », art. cité.
3. *Ibid.*

soutiennent en 2019 l'affirmation « la Russie devrait être réservée aux Russes »[1]. Cependant, les Juifs ne sont plus, à la différence de l'époque soviétique, les cibles principales des attaques racistes et des attitudes xénophobes : ils ont été remplacés par les Roms ou les migrants en provenance d'Asie centrale. L'antisémitisme est en baisse continue en Russie, mais près d'un quart des personnes interrogées considère encore en 2019 que les Juifs ne devraient pas être admis du tout ou admis seulement à titre temporaire dans le pays[2].

En Ukraine, la question de la mémoire de la Shoah et du rapport à l'histoire juive s'est posée très différemment. Le voyageur qui traverse l'Ukraine est frappé par l'omniprésence des vestiges du passé juif, visibles pour celui qui les cherche, mais dissous dans le paysage et à peine identifiables pour le passant peu averti. Les anciennes synagogues et *yeshivas* se signalent parfois par leur architecture particulière, mais sont aujourd'hui occupées par des bâtiments administratifs ou bien laissées à l'abandon si elles sont en mauvais état. Rares sont les villages où les locaux ne vous indiquent pas l'emplacement d'un ancien cimetière juif, le plus souvent noyé dans les herbes folles. Parfois, des communautés religieuses se sont installées dans la région, et des parties de cimetières ont été nettoyées ou aménagées. À Berdytchiv en Ukraine centrale, le vieux cimetière juif avec ses dix mille tombes, dont certaines remontent au XVIIIe siècle, a été laissé

1. Enquête du Centre Levada, « Monitoring des opinions xénophobes », 18 septembre 2019, consulté le 26 avril 2022, source en russe (Левада-центр, « Мониторинг ксенофобских настроений », 18 сентября 2019 года, https://www.levada.ru/2019/09/18/monitoring-ksenofobskih-nastroenij-2/).
2. *Ibid.*

à l'abandon pendant de longues années. Un certain nombre de subventions venues de l'étranger ont permis un nettoyage partiel du site, et l'identification de tombes d'une grande importance historique. À Chernivtsy, le cimetière juif est une merveille architecturale qui fait partie des circuits de visites guidées de la ville, mais ses grilles rouillent et les pierres tombales s'effondrent. Dans ces deux villes comme ailleurs, la réalité est celle d'une communauté juive qui n'est plus là pour entretenir les sites mémoriels. Les Juifs ne représentent plus que 0,5 % des 74 000 habitants de Berdytchiv, contre plus de la moitié avant la guerre. Ils sont 0,2 % de la population à Chernivtsy, en constante diminution. Cette simple réalité démographique a un impact particulièrement important dans une Ukraine où l'argent public manque en général pour entretenir le patrimoine historique et architectural, et les anciennes synagogues ne sont pas les seuls bâtiments historiques à tomber en ruine. Comme me disait en 2011, lors d'une visite, Grigori Archinov, député local et infatigable activiste de la préservation de l'héritage juif à Ostroh, il faut bien évidemment restaurer la magnifique grande synagogue d'Ostroh, mais pour quel usage ? Il n'existe plus de communauté juive susceptible de faire vivre et d'entretenir la synagogue. Pourtant, Archinov a porté sans relâche le projet de la restauration de la synagogue jusqu'à son décès en 2020. Il a également réussi en 2017 à redonner son statut de cimetière juif au site transformé en parc à l'époque soviétique, après des recherches qui ont permis de rassembler près de quatre cents pierres tombales[1]. Dans la petite ville de Rohatyn, des

1. *Ukraine: Ostroh Jewish cemetery status recognized* : https://jewish-heritage-europe.eu/2017/08/20/ukraine-ostroh-jewish-cemetery-status-recognized/, 20 août 2017, consulté le 27 avril 2022.

bénévoles locaux et étrangers mettent également en œuvre depuis plusieurs années un projet visant à extraire les pierres tombales juives des couches de bitume des voies publiques afin de les rassembler sur un site mémoriel. De telles initiatives se multiplient un peu partout en Ukraine, et, si les autorités locales ne financent pas ces projets, elles ne les découragent pas et s'en approprient volontiers les résultats. À la différence de Zmiyovskaia Balka à Smolensk, le site de Babi Yar à Kyiv, délaissé dans les années 1990 et 2000, fait l'objet d'un réinvestissement important depuis une dizaine d'années, avec le soutien des pouvoirs publics. Au milieu des années 2000, un guide local était nécessaire pour trouver sur le territoire de Babi Yar l'emplacement des différents lieux mémoriels. L'immense monument soviétique aux victimes civiles était visible de loin, mais les autres étaient éparpillés, au bout d'allées plus ou moins entretenues : une ménorah installée au début des années 1990, le monument aux enfants victimes, la croix en mémoire des activistes nationalistes assassinés dans le ravin, le monument aux travailleurs déportés de force en Allemagne, la croix dédiée aux prêtres exécutés dans le ravin. Quelques années plus tard, le site avait connu de grands projets de réhabilitation. Des monuments aux Roms, aux travailleurs déportés ou aux malades mentaux s'y étaient ajoutés. Ce patchwork des symboles mémoriels renvoie à la complexité de la mémoire de la guerre. L'Ukraine, « terre de sang », doit vivre avec la mémoire de tragédies successives sur son territoire, et le 1,5 million de Juifs péris dans la Shoah vient s'ajouter aux 4 millions de morts du Holodomor, mais aussi aux millions de civils ukrainiens non Juifs tués pendant la guerre. Depuis 2016 cependant, l'ambitieux projet « Babi Yar Holocaust Memorial Center » se donne pour objectif de faire du site un grand lieu muséal et mémoriel : la mémoire de la Shoah est loin d'être marginale[1].

L'écriture d'une histoire de la Shoah en Ukraine bute aussi, bien évidemment, sur la question de la participation aux massacres des nationalistes ukrainiens, par ailleurs glorifiés au niveau étatique. Si les descendants des Ukrainiens engagés dans le combat nationaliste sont toujours là, les descendants des Juifs ne sont plus présents pour demander leur juste place dans l'histoire nationale. Il serait cependant erroné de croire que seul le discours historien nationaliste se fait entendre aujourd'hui en Ukraine. Le milieu des historiens spécialistes de l'Ukraine est, depuis les années 1990, très internationalisé, avec une circulation importante des personnes et des idées. L'histoire de l'Ukraine est étudiée sur place, mais aussi aux États-Unis, au Canada, en Allemagne, en Israël… Les travaux pointant la participation des Ukrainiens à la Shoah provoquent des débats houleux dans les conférences, mais leurs auteurs, tels que John Paul Himka ou Yuri Radchenko[2], sont loin d'être marginalisés dans l'espace universitaire.

1. Vapné Lisa, « Babi Yar : un mémorial, des mémoriaux… », *K. la revue. Les Juifs, l'Europe, le XXIe siècle*, 29 septembre 2021 : https://k-larevue.com/babi-yar-un-memorial-des-memoriaux/, consulté le 30 mai 2022

2. Voir entre autres Radchenko Yuri, « Accomplices to Extermination: Municipal Government and the Holocaust in Kharkiv, 1941-1942 », *Holocaust and Genocide Studies*, n° 3, vol. 27, 2013, p. 443-463 ; Himka John-Paul, *Ukrainian Nationalists and the Holocaust: OUN and UPA's participation in the Destruction of Ukrainian Jewry, 1941-1944*, Stuttgart, Ibidem Verlag, « Ukrainian voices », 2021 ; Himka John-Paul, « The Reception of the Holocaust in Postcommunist Ukraine », *in* Himka John-Paul et Michlic Joanna B. (dir.), *Bringing the Dark Past to Light: the Reception of the Holocaust in Postcommunist Europe*, Lincoln, University of Nebraska Press, 2013, p. 626-778 ; Khromeychuk Olesya, « Ukrainians

L'antisémitisme des Ukrainiens au milieu du XXe siècle est-il toujours là dans L'Ukraine d'aujourd'hui ? Alors qu'une lettre de membres du Congrès américain pointait en 2018 un accroissement de l'antisémitisme en Ukraine[1], le diagnostic des organisations juives locales est tout à fait différent. L'Association des organisations et communautés juives en Ukraine a tout de suite contesté les conclusions du Congrès, affirmant que les manifestations antisémites étaient négligeables en Ukraine et l'antisémitisme absent au sommet de l'État[2]. Le constat fait par l'association est partagé en 2018 par Viatcheslav Likhachev, coordinateur du National Minority Rights Monitoring Group, pour qui les violences antisémites sont rares en Ukraine, plafonnant à une agression physique par an depuis 2015, et avec aucun acte violent enregistré certaines années. Les actes de vandalisme, surtout contre des monuments juifs, atteignent un maximum de 24 actes enregistrés par an[3]. Enfin, l'État ukrainien montre une sensibilité de plus en plus grande à

---

in the German Armed Forces During the Second World War », art. cité, p. 704-724 ; Podol's'kyj Anatolij, « The Reluctant Look Back. Jewry and the Holocaust in Ukrainian Remembrance », *Osteuropa (Stuttgart)*, nº 8-10, vol. 58, 2008, p. 445-454.

1. https://khanna.house.gov/sites/khanna.house.gov/files/Combat%20Anti-Semitism%20Letter.pdf

2. Déclaration du Présidium du Vaad d'Ukraine suite à la lettre de membres du Congrès américain sur la situation de l'antisémitisme en Pologne et en Ukraine, 10 mai 2018, consulté le 26 avril 2022, source en russe (Заявление Президиума Ваада Украины в связи с письмом конгрессменов США о ситуации с антисемитизмом в Польше и Украине, 10 мая 2018 года, http://jewseurasia.org/page6/news60440.html).

3. Congress of Ethnic Communities of Ukraine, National Minority Rights Monitoring Group et Likhachev Viatcheslav, *Xenophobia in Ukraine in 2018*, Kyiv, s.n., 2019.

cette question, par exemple à travers l'adoption en 2021 d'une loi sur la prévention et la lutte contre l'antisémitisme qui criminalise à la fois les actes antisémites et la négation de la Shoah.

L'Ukraine comme la Russie ont eu des difficultés à prendre de la distance avec l'héritage soviétique qui avait effacé la Shoah de l'espace public. Cependant, après une période d'ouverture, la Russie est revenue à une vision de l'histoire où la référence à la Shoah est politiquement instrumentalisée, mais la mémoire de la tragédie continue à être minorée. Le défi de l'Ukraine est à la fois de rendre sa juste place à l'histoire juive, mais aussi, et surtout, de concilier l'inconciliable : la responsabilité dans la Shoah de ceux qui sont en même temps les héros de la lutte nationale ukrainienne. Le chemin pour l'Ukraine est long, mais il a été incontestablement pris ; la Russie, quant à elle, n'a pas commencé son retour critique sur cette histoire.

DEUXIÈME PARTIE

Un même peuple ?

Chapitre 4

Parler russe, parler ukrainien

Le public occidental est familier de la langue russe, exotique et néanmoins proche, encore enseignée dans certains collèges et lycées de France. Certains ont appris l'existence de l'ukrainien en 2014, lorsque les actualités ont relayé les craintes des « russophones du Donbass » de se voir empêchés de parler leur langue. De nombreux reportages se sont fait alors l'écho d'une prétendue division de l'Ukraine entre russophones et ukrainophones, et du désir du Kremlin de protéger les russophones ukrainiens, qu'ils soient « Russes ethniques » ou « cette partie du peuple ukrainien qui a le sentiment d'avoir des liens indéfectibles avec la Russie, non seulement sur le plan ethnique mais aussi sur le plan culturel et linguistique, et qui a le sentiment de faire partie du grand Monde russe », selon les paroles de Vladimir Poutine en 2014[1]. Dans cette affirmation du président russe, trois éléments sont imbriqués : la langue, l'appartenance ethnique, mais aussi l'identification à un espace culturel commun désigné sous l'expression de « Monde russe ». Le discours du

1. Conférence de presse suite à une visite d'État en Autriche, 24 juin 2014 : https://www.interfax.ru/world/382467, consulté le 27 mai 2022.

pouvoir russe nous invite souvent à essentialiser les questions linguistiques, culturelles et ethniques, afin de justifier des affiliations géopolitiques et des appartenances supposément « naturelles » à tel ou tel espace politique. C'est oublier la manière dont les langues se pratiquent, mais aussi dont elles expriment des mécanismes de domination.

Avant d'aborder ces questions, il est important de donner quelques repères simples. L'ukrainien et le russe appartiennent tous les deux à la famille des langues slaves, et sont des langues relativement proches. Tout est dans le « relativement ». Les linguistes considèrent que ces deux langues ont 62 % de leur vocabulaire en commun[1], soit autant que l'anglais avec le néerlandais, ou le français avec le portugais[2] : la distance est tout de même considérable. Un locuteur russophone n'habitant pas en Ukraine peut saisir l'idée générale d'une conversation en ukrainien, mais n'en comprend pas les détails. Les deux langues partagent quasiment le même alphabet cyrillique, même si quatre lettres russes n'existent pas en ukrainien et quatre lettres ukrainiennes n'existent pas dans le cyrillique russe.

L'ukrainien est une langue étrangère en Russie. Tout au plus est-il enseigné comme une matière facultative dans quelques écoles du pays, à la demande des Ukrainiens qui y sont installés, et dans de rares départements d'études

1. Bermel Neil, « Ukrainian and Russian: How Similar Are the Two Languages? », *The Conversation*, 7 mars 2022 : http://theconversation.com/ukrainian-and-russian-how-similar-are-the-two-languages-178456, consulté le 27 mai 2022.

2. *A Colorful Map Visualizes the Lexical Distances Between Europe's Languages: 54 Languages Spoken by 670 Million People/Open Culture* : https://www.openculture.com/2017/08/a-colorful-map-visualizes-the-lexical-distances-between-europes-languages.html, consulté le 27 mai 2022.

ukrainiennes dans les facultés de langue. L'Ukraine, quant à elle, est un pays bilingue où le russe comme l'ukrainien sont en usage au quotidien. Le cliché d'une Ukraine divisée entre deux espaces géographiques correspondant à deux langues, russe à l'est et ukrainien à l'ouest, rend très mal compte de la situation linguistique réelle, plus subtile et plus fluide. Langue et ethnicité, langue et région, langue maternelle et langue parlée ne se superposent pas forcément.

Si les deux langues sont très bien comprises par l'ensemble de la population, au point que l'on puisse affirmer que les Ukrainiens sont tous passivement bilingues, ils ont en revanche souvent une préférence pour parler dans l'une ou l'autre. La compréhension des deux langues par l'ensemble de la population a été au fondement du contrat linguistique en Ukraine ces dernières décennies, où les conversations bilingues sont fréquentes dans la vie courante, un client posant la question dans une langue, l'employé lui répondant dans l'autre, un journaliste de télévision interrogeant son invité dans une langue et recevant la réponse dans l'autre... Il m'est arrivé, dans les débuts de ma vie quotidienne en Ukraine, de me heurter à une incrédulité réprobatrice, lorsque, en m'adressant à mon interlocuteur en russe, je ne comprenais pas sa réponse en ukrainien. Le contrat linguistique suppose *a minima* une obligation de comprendre, sous peine de paraître insultant.

En 2006, 52 % des citoyens d'Ukraine désignaient l'ukrainien comme leur langue maternelle, 31 % déclaraient que leur langue maternelle était le russe, et 16 % considéraient que les deux langues pouvaient être qualifiées pour eux de langue maternelle[1]. La langue maternelle – terme

1. Razumkov Centre, « Ukrainian Identity: Changes, Trends, Regional Aspects », *National Security and Defence Journal*, n° 3-4, 2016.

qui en ukrainien a des connotations de « langue natale » ou « langue d'origine » – n'est pas forcément la langue en usage au quotidien. Elle est davantage une manière de se rattacher à une filiation et à des racines. Neuf ans plus tard, en 2015, 60 % des Ukrainiens affirmaient que leur langue maternelle était l'ukrainien, 15 % désignaient le russe et 22 % considéraient que les deux étaient leurs langues maternelles[1]. On pourrait se dire que cette augmentation est le résultat arithmétique de l'exclusion de la Crimée et des républiques séparatistes de Donetsk et de Louhansk du panel étudié. Cependant, deux années plus tard, 68 % des personnes interrogées, soit 8 % de plus, désignaient l'ukrainien comme langue maternelle[2]. Entre 2015 et 2017, les Ukrainiens n'ont pas changé d'origine, mais de manière de s'inscrire dans l'histoire de leur pays. Désigner la langue ukrainienne comme langue maternelle, ou même désigner deux langues maternelles, doit se lire comme une déclaration politique d'identification avec l'Ukraine.

La langue de préférence est un bien meilleur indicateur des dynamiques linguistiques du pays. Quand on interroge les Ukrainiens en 2015 sur la langue qu'ils parlent à la maison, la moitié désignent plutôt l'ukrainien, un quart plutôt le russe, un quart l'un et l'autre. Cette moyenne recoupe des réalités très différentes selon les régions. Plus de 90 % des habitants de l'Ouest préfèrent échanger chez eux en ukrainien. Ils sont 63 % dans les régions centrales, 20 % au sud du pays, 27 % à l'est, et 13 % dans le Donbass. Il existe donc bien une gradation régionale, avec deux centres de gravité

1. *Ibid.*
2. Razumkov Centre, « Basic Principles and Means of the Formation of a Common Identity of Ukrainian Citizens », *National Security and Defence Journal*, n° 1-2, 2017.

linguistique à l'est et à l'ouest, mais sans séparation nette. D'ailleurs, à l'intérieur même de ces grandes régions, l'usage linguistique n'est pas uniforme. Quasiment partout dans le pays, les campagnes sont plutôt ukrainophones. À l'exception des régions les plus occidentales, les villes sont plutôt russophones. Pourtant, dans les grandes villes, les populations russophones ont tendance à exprimer de plus en plus une préférence pour l'ukrainien[1]. Kyiv, la capitale, est une ville plutôt russophone, mais l'ukrainien y est de plus en plus présent, surtout depuis 2014. L'âge est également une variable qui influence la préférence linguistique, avec une maîtrise de l'ukrainien plus importante chez les jeunes que chez ceux qui ont été éduqués à l'époque soviétique. Cependant, les jeunes Ukrainiens interrogés dans le cadre d'une enquête conduite en 2012 gardaient également une grande maîtrise du russe, due notamment à l'exposition à cette langue sur Internet[2]. Ajoutons à cela le « sourjik », dialecte du russe et de l'ukrainien qui fait grincer des dents les puristes des deux langues, et qu'on entend pourtant souvent en Ukraine sur les marchés et dans les cours d'immeubles.

Enfin, langue et ethnicité ne se superposent pas en Ukraine. Dans le dernier recensement conduit en 2001, à la question de leur groupe ethnique d'appartenance, 78 % des habitants du pays se déclarent ethniquement ukrainiens, 17 % ethniquement russes. Cette déclaration d'appartenance où l'on est laissé libre de la réponse, relève en grande partie

1. Kulyk Volodymyr, « The Demography of Language Practices and Attitudes in Ukraine », *Harvard Ukrainian Studies*, n° 1/4, vol. 29, 2007, p. 295-326.
2. Kulyk Volodymyr, « The Age Factor in Language Practices and Attitudes: Continuity and Change in Ukraine's Bilingualism », *Nationalities Papers*, n° 2, vol. 43, mars 2015, p. 283-301.

d'un choix personnel, et, d'une enquête à l'autre, on peut choisir de changer son rattachement ethnique[1]. Au recensement de 2001, 57 à 58 % des habitants de la région de Donetsk et de Louhansk se disaient ethniquement ukrainiens, et 38 à 39 % russes. Dans la région de Kharkiv, également frontalière avec la Russie, 70 % des habitants se déclaraient ethniquement ukrainiens. Il n'y a cependant pas de communautés constituées de « Russes » ou d'« Ukrainiens » dans le pays. Tout au plus, entend-on de temps à autre, dans les échanges privés, la référence à tel ou tel trait de caractère qui révélerait chez l'un ou l'autre des racines russes ou ukrainiennes. La mixité entre Russes et Ukrainiens, mais aussi le mélange avec d'autres groupes ethniques sont d'ailleurs très fréquents. Dans bien des familles, l'auto-identification ethnique et la préférence linguistique supposent de choisir entre la filiation maternelle et paternelle. Ajoutons à ce tableau complexe l'existence de minorités, dont des communautés très spécifiques comme les Tatars de Crimée, qui représentaient 0,5 % de la population au recensement de 2001, mais plus d'un dixième de la population de la péninsule.

Rien n'est donc simple ni tranché dans les questions d'identité ethnique et linguistique en Ukraine. Cette situation si particulière a été en grande partie façonnée par la politique impériale, puis soviétique, des langues et des nationalités, ainsi que par la volonté de corriger les effets de cette politique à l'indépendance. On ne peut saisir ce qui se joue

1. Sur les modalités et les enjeux de l'autoidentification ethnique, voir Arel Dominique, « Recensement et légitimation nationale en Russie et dans la zone postsoviétique », *Critique internationale*, n° 45, 2009, p. 19-36.

aujourd'hui autour de la langue sans avoir conscience de cette histoire. La guerre avec la Russie depuis 2014 a rendu la question de la langue plus sensible qu'elle ne l'a jamais été dans l'Ukraine indépendante.

Avant la révolution de 1917, l'Empire russe était engagé dans des politiques de russification, surtout dans ses provinces de l'Ouest. Il n'y avait d'ailleurs pas de consensus pour savoir si le « petit-russe », tel qu'on dénommait l'ukrainien à l'époque, était une langue à part entière ou un dialecte dont il fallait débarrasser la population par l'éducation[1]. Le développement du « petit-russe » était vu avec méfiance par l'empire qui a cherché à censurer l'écriture en ukrainien et le développement d'un mouvement culturel ukrainien. Les élites de l'empire étaient russophones et l'éducation, encore peu généralisée, se faisait en russe. Les mouvements nationalistes ukrainiens de la fin du XIXe siècle, et les intellectuels qui leur étaient favorables, cherchaient à développer la langue ukrainienne, et la politique soviétique leur avait donné, dans les premières années, les moyens de réaliser cette mission par la diffusion de l'ukrainien à l'école, dans la presse, et par une politique de standardisation de la langue[2]. Le projet soviétique a été, dans sa première phase, généreux avec les langues et les nationalités. Immense État issu d'un empire multiethnique aux frontières linguistiques et identitaires floues ou composites, l'Union soviétique nouvellement

1. Cadiot Juliette, *Le Laboratoire impérial. Russie-URSS (1860-1940)*, Paris, CNRS Éditions, 2007.
2. Dmitriev Aleksandr, « Langue ukrainienne et projet de science nationale : les étapes d'une légitimation académique (fin des années 1880, début des années 1920) », *in* Juliette Cadiot, Dominique Arel et Larissa Zakharova (dir.), *Cacophonies d'empire. Le gouvernement des langues dans l'Empire russe et l'Union soviétique*, Paris, CNRS Éditions, 2010, p. 47-60.

créée a cherché à délimiter des frontières de républiques nationales, en dotant chacune d'un groupe ethnique titulaire et d'une langue propre. Les bolcheviks ont ainsi récupéré l'élan des sentiments d'affirmation nationale, proposant un cadre dans lequel les groupes nationaux pouvaient se prévaloir de leur culture et de leur statut de majorité au sein d'un territoire donné. Dans certaines régions, comme en Asie centrale, cette construction des nationalités est allée jusqu'à agglomérer les contours de groupes ethniques et à construire, à partir du plurilinguisme local, la langue du groupe titulaire, dotée d'une grammaire et d'une orthographe stabilisées[1]. Il s'agissait également pour le jeune pouvoir soviétique de s'implanter solidement grâce à un ancrage local, en encourageant l'émergence d'élites politiques et culturelles, relais du pouvoir de Moscou, pouvant transmettre son message dans la langue locale. L'État central devait, tout du moins formellement, avoir le visage et la langue des républiques. Pour la république socialiste soviétique d'Ukraine, cette politique « d'ukrainisation » entre les années 1920 et 1930 a constitué un moment d'effervescence et d'épanouissement de la langue et de la culture. L'ukrainien a été introduit comme langue principale d'enseignement dans les écoles ; les élites locales étaient de préférence recrutées parmi les Ukrainiens ; la langue officielle à l'intérieur de la république était l'ukrainien ; des cercles d'étude et de diffusion de la culture ukrainienne ont été encouragés. La politique d'indigénisation n'a cependant pas duré. À la fin des années 1930, les priorités avaient changé : le besoin d'uniformisation d'un État de plus en plus centralisé a imposé l'installation du russe

1. Roy Olivier, *L'Asie centrale contemporaine*, 4e éd. mise à jour, Paris, PUF, « Que sais-je ? », 2010.

au centre de l'appareil administratif et de la vie publique[1]. L'étude du russe est devenue obligatoire à l'école en 1938, le bilinguisme a été abandonné dans la communication entre le centre et les républiques, et la construction d'une Armée rouge russophone est devenue une priorité, partout sur le territoire de l'URSS.

En Ukraine, la politique de russification a été particulière, pour deux raisons. La première est le contexte répressif dans laquelle elle s'est exercée. La Grande Famine et la dékoulakisation avaient vidé les villages de leur population ukrainophone, tandis que la répression contre les éléments jugés nationalistes dans les années 1930 avait conduit à une extermination massive des élites intellectuelles et artistiques ukrainophones dans les villes. La deuxième raison est l'immense brassage des populations au cours de ces décennies, en partie lié à cette même répression : les déportations massives des Polonais, des Tatars de Crimée et d'autres groupes ethniques au milieu du XXe siècle, ont laissé vides des logements et des espaces de travail qui allaient être occupés par des populations en provenance des autres régions de l'URSS, souvent russophones. Mais l'économie soviétique avait également imprimé sa marque : l'Ukraine de l'Est, entre autres la région du Donbass, s'était massivement industrialisée dans les premières décennies soviétiques, offrant des opportunités professionnelles aux citoyens des autres régions. Cette migration entrante a encore accéléré la russification des villes et des campagnes ukrainiennes. Dans l'Union soviétique des années 1950-1980, la politique de russification a continué,

1. Cadiot Juliette, Arel Dominique et Zakharova Larissa (dir.), *Cacophonies d'empire. Le gouvernement des langues dans l'Empire russe et l'Union soviétique*, *op. cit.*

marginalisant encore plus la langue ukrainienne. Le russe était la langue de l'État, celle de la carrière prometteuse, la langue de l'universalité contre le repli sur le local que pouvait représenter l'ukrainien. Le russe était largement dominant à l'école. Alors qu'en 1958 la loi a laissé la possibilité aux parents du choix de la langue d'enseignement de leur enfant, le russe a été souvent préféré, même dans les familles ukrainophones, car il donnait de meilleures perspectives d'avenir. La proportion des livres publiés en ukrainien a drastiquement diminué, passant de 60 % en 1958 à 24 % en 1980, et la langue ukrainienne a été quasiment chassée des théâtres, de la presse, et de la littérature scientifique[1]. Pour la chercheuse ukrainienne Larysa Masenko, le maintien officiel du bilinguisme était pensé par Moscou comme une étape provisoire dans l'évincement de l'ukrainien de l'espace public, avec pour objectif de créer une seule nation soviétique, dotée d'une seule langue, le russe[2].

Dès 1989, dans le contexte de renaissance des mouvements nationaux de la *perestroïka*, l'ukrainien est déclaré langue officielle de l'Ukraine soviétique. Lorsque l'URSS disparaît, l'ukrainien devient la langue officielle du nouvel État indépendant, mais le russe reste la langue dominante parlée dans le pays. Pour beaucoup de citoyens de la nouvelle Ukraine, cette situation n'est pas problématique. Ils perçoivent leur pays comme bilingue, la proximité géographique et géopolitique de la Russie justifie le partage d'une langue commune, et la migration de travail des Ukrainiens

1. Masenko Larysa, *La Langue et la société : la dimension postcoloniale*, Kyiv, Akademia, 2004, source en ukrainien (Масенко Лариса, *Мова і суспільство : постколоніальний вимір*, Київ : КМ Академія, 2004).
2. *Ibid.*

en Russie fait de leur parfaite russophonie un atout précieux qui sert leur intégration professionnelle. Dans les années 1990, les citoyens ukrainiens ont observé d'ailleurs avec un certain malaise la volonté politique de quelques-uns de leurs voisins, comme les États baltes, de rayer la langue russe de la vie publique. Le statut du russe fait régulièrement débat dans l'Ukraine postsoviétique, les forces politiques jugées pro-Russie adoptant également une posture pro-langue russe[1]. Dans un pays où l'usage des langues est une mosaïque complexe, la question linguistique a pu donner lieu à un clivage politique et électoral, les candidats étiquetés prorusses recrutant massivement dans les régions où le russe était la langue de préférence. Les origines régionales et les préférences linguistiques personnelles des hommes et femmes politiques ne sont d'ailleurs pas forcément liées à leurs positions publiques. L'égérie de la Révolution orange et ancienne Première ministre Ioulia Timochenko, initialement russophone, a fait, par exemple, le choix de s'exprimer publiquement en ukrainien en s'engageant dans un parti pro-occidental, parce que son électorat n'était pas dans les régions russophones. Cependant, si la langue peut être un marqueur de choix politique, il est très important de comprendre qu'elle ne détermine pas l'allégeance de celui qui la parle. Être russophone ou originaire de l'est du pays ne signifie pas, dans l'Ukraine de ces trente dernières années, être prorusse. Seul le premier président de l'Ukraine indépendante, Léonid Kravchuk, était originaire de l'Ouest ukrainophone du pays ; tous les autres venaient des régions Est et Nord plutôt russophones. La langue russe était d'usage sur le Maïdan,

1. Goujon Alexandra, *Révolutions politiques et identitaires en Ukraine et en Biélorussie (1988-2008)*, Paris, Belin, 2009, p. 139-146.

parlée par les opposants du rapprochement avec la Russie ; elle est aussi la langue de préférence des nombreux combattants depuis 2014, y compris dans les bataillons considérés comme nationalistes. L'État ukrainien a adopté une conception civique de la nation où est ukrainien celui qui adhère au projet politique du pays. L'appartenance ethnique ou la langue de préférence n'ont pas leur place dans cette définition. Le président Zelensky en est une parfaite illustration : cet homme plutôt russophone aux origines juives est avant tout un citoyen ukrainien, et son identité composite est plus questionnée en dehors de l'Ukraine qu'à l'intérieur du pays.

Au niveau de l'usage quotidien, l'ukrainien a pris plus de place dans l'Ukraine indépendante sans écraser le russe, avec de fortes différences régionales. L'ukrainien a considérablement progressé comme langue officielle de l'enseignement : à la chute de l'URSS, moins de la moitié des écoliers du pays faisaient leurs études en ukrainien ; ils étaient déjà 77 % en 2005[1]. En 2012, plus de 97 % des écoliers de Kyiv étudiaient dans des écoles officiellement ukrainophones, alors que ce pourcentage n'était que de 48 % à Donetsk[2]. Derrière les données officielles, la réalité pouvait être bien plus fluide : les manuels des écoles ukrainophones étaient en ukrainien, mais il n'était pas rare que l'enseignant fasse son cours en russe, et que le russe soit la langue dominante à la récréation. En 2012 également, la proportion des médias écrits en ukrainiens était en constante augmentation, mais

1. Sokolova Svitlana et Danylevska Oksana, « Language situation in Ukrainian schools », *Ukrainska mova*, n° 3, 2018, p. 3-27.
2. L'espace de la liberté, « L'état de la langue ukrainienne en Ukraine en 2012 », source en ukrainien (Простір свободи, Становище Української мови в Україні в 2012 році, 2012).

ne représentait que 39 % des tirages. Près de la moitié des émissions de télévision produites en Ukraine étaient exclusivement en langue russe[1]. Cette situation ne reflétait plus une domination institutionnelle du russe, mais une réalité sociale qui avait été en partie produite par cette domination. La même année, une loi portée par le président prorusse Viktor Ianoukovitch, instaurait le qualificatif de « langue régionale » qui permettait de donner un statut officiel à des langues déclarées comme maternelles par au moins 10 % de la population dans une région. Très controversée au moment de son adoption, la loi était perçue par les défenseurs de la langue ukrainienne comme un évincement de l'ukrainien des régions du sud et de l'est du pays : en vertu de cette loi, un russophone du Donbass n'aurait ainsi jamais l'obligation d'utiliser l'ukrainien auprès des instances publiques. La loi était plutôt vue comme protectrice des russophones par les habitants des régions de l'Est. Cependant, si le russe a reçu le statut de langue régionale dans plusieurs régions au sud et à l'est du pays, de même qu'en Crimée, la langue tatare n'a par exemple jamais été reconnue comme régionale dans la péninsule, entretenant l'impression qu'il s'agissait avant tout d'une loi favorisant les russophones. La loi n'a pas vraiment eu le temps d'avoir ses premiers effets sur le terrain avant la chute de Ianoukovitch. Elle est, en revanche, devenue en 2014 un objet majeur de peur et de désinformation. Désirant défaire l'héritage du président prorusse chassé du pouvoir, le parlement ukrainien a en effet décidé d'abroger la loi sur les langues régionales, vue comme un symbole de cette présidence. Le vote a bien eu lieu, mais l'abrogation n'a jamais été entérinée par le président par intérim, et la

1. *Ibid.*

loi est donc restée en vigueur jusqu'en 2018 quand elle a été déclarée anticonstitutionnelle. Ce vote parlementaire avait été présenté par les médias proches de Moscou comme une interdiction de parler la langue russe, ce qui n'aurait pas été le cas, même si la loi avait été abrogée. Si la question de l'usage du russe dans un cadre officiel, par les autorités publiques, a pu être posée, jamais une interdiction de parler russe n'a été à l'ordre du jour en Ukraine. En revanche, l'agression de l'Ukraine par la Russie a entraîné un abandon de plus en plus rapide de la langue russe, devenue langue de l'agresseur, au profit de l'ukrainien.

L'espace culturel russe et russophone n'est pas politiquement neutre, comme n'est pas neutre l'attachement de l'État russe à le défendre. Cet espace est, certes, partiellement commun avec l'Ukraine, mais la communauté construite autour de la langue russe est le fruit d'une appropriation pas toujours pacifique, et d'une hybridation traversée de rapports de pouvoir. La langue et la culture auraient pu pacifier et approfondir les rapports entre les deux sociétés, et le bilinguisme à l'ukrainienne commençait à tisser les contours de ce nouveau modèle métissé. En devenant un objet de guerre, la question linguistique risque d'être ramenée à sa dimension la plus brutale, où la langue de l'autre le définit en tant qu'ennemi.

Chapitre 5

Au nom du « Monde russe »

Vladimir Poutine a accusé l'Ukraine, dans son discours du 21 février 2022, soit trois jours avant l'agression armée, de conduire une « dérussification et une assimilation forcée[1] » de sa population. L'Ukraine joue sans conteste un rôle spécifique dans l'imaginaire géopolitique du président russe qui ressent de manière particulièrement douloureuse l'éloignement, y compris linguistique, de l'Ukraine. Cependant, cette focalisation sur la place de la langue et de la culture russes dépasse largement le contexte ukrainien. Elle est un des éléments d'une politique de domination de la Russie sur ses périphéries internes et externes, une domination dont la nature impériale ou même coloniale doit être interrogée.

Cette question se pose d'ailleurs, pour commencer, à l'intérieur même des frontières de la Fédération de Russie. Interroger la question de la domination du russe à l'intérieur de la Russie peut paraître incongru, tant le sens commun

1. Président de la Fédération de Russie, « Discours du président de la Fédération de Russie », site officiel, 21 février 2022, consulté le 6 juin 2022, source en russe (http://kremlin.ru/events/president/news/67828).

trace une équivalence entre le pays et sa langue. Pourtant, le sujet est loin d'être anodin. À sa manière, la Russie porte le poids des politiques ethniques et linguistiques de l'Union soviétique.

Si la langue officielle de la Fédération de Russie est le russe, il s'agit d'un État multiethnique qui compte plus de 190 groupes ethniques sur son territoire, parlant aujourd'hui près de 90 langues. 80 % des citoyens russes se déclarent ethniquement russes, et seulement cinq autres groupes ethniques rassemblent officiellement chacun plus de 1 % d'habitants de la Fédération de Russie. Les Russes ethniques sont minoritaires dans 13 régions seulement sur les 84 que compte le pays. Certaines minorités constituent cependant en nombre absolu des groupes très importants, parfois dominants dans la région dont ils sont l'ethnie titulaire. Les 5,3 millions de Tatars représentent plus de la moitié de la population du Tatarstan, et le 1,4 million de Tchétchènes forment 95 % de la population de la Tchétchénie. Les langues de ces minorités sont souvent très éloignées du russe et appartiennent aux groupes des langues finno-ougriennes, turques, mongoles, caucasiennes… Les Ukrainiens sont la deuxième minorité de Russie, recensée partout sur le territoire. Ils sont particulièrement nombreux dans les territoires du Grand Nord et de la Sibérie, ce qui est essentiellement dû à la migration du travail des dernières décennies soviétiques. Cependant, il n'y a pas véritablement de concentrations de communautés ethniquement ukrainiennes ou ukrainophones sur le territoire russe, les Ukrainiens s'assimilant le plus souvent dans la population majoritaire de leur lieu de résidence.

Les populations actuellement intégrées à la Fédération de Russie l'ont été par des siècles de conquêtes territoriales et de colonisation interne, selon les termes de l'historien russe Aleksander Etkind[1]. La Russie a succédé à un empire continental multinational, et, d'une certaine manière, elle continue à l'être[2]. La politique soviétique d'indigénisation des années 1920, tout comme les politiques de russification à partir de la fin des années 1930 n'ont pas seulement concerné les républiques non-russes. Elles ont également touché la République socialiste fédérative soviétique de Russie qui faisait face, sur son immense territoire, à la présence de nombreuses communautés non russes et non russophones, dont la langue et la culture étaient bien plus distantes de Moscou que ne l'étaient la langue et la culture ukrainiennes. Moscou devait gérer, sur le territoire même de la Russie, cette contradiction fondamentale : comment concilier la politique de consolidation des ethnies, dotées d'un territoire, d'une langue et d'une mention officielle sur les papiers d'identité, avec l'exigence d'unité de l'État, la crainte du nationalisme et le besoin d'une langue commune ? Tout comme l'Ukraine, les régions de Russie ont connu, dans les premières années soviétiques, un âge d'or des nationalités, avec un pouvoir politique qui se donnait pour mission de faire découvrir aux peuples leur identité nationale, et de la préserver grâce à des frontières territoriales, mais également grâce à la stabilisation d'une langue et à la valorisation de la

1. Etkind Aleksander, *Internal colonization. Russia's Imperial Experience*, Cambridge, Polity Press, 2011.
2. Oversloot Hans, « The Homogeneity of Russia, or the Remains of an Empire (Federalism and Regionalism) », *in* Oleh Protsyk et Benedikt Harzl (dir.), *Managing Ethnic Diversity in Russia*, Londres, Taylor & Francis Group, 2012, p. 87-110.

culture nationale[1]. Tatars, Bachkirs, Bouriates, Tchouvaches, Tchouktches ont été reconnus en tant que groupes ethniques dont l'État devait protéger la langue, la culture et les frontières. Tout comme en Ukraine, les politiques d'indigénisation ont été cependant progressivement remplacées par une volonté de russification dont le fondement était idéologique tout autant que pratique. L'enseignement du russe s'est généralisé, les langues et cultures locales ont été peu à peu marginalisées, perçues et présentées comme secondaires dans l'imaginaire des locaux : pour faire carrière, il était plus prudent d'être russophone et d'adopter des références communes avec les Russes. La mixité des populations a également été très importante, mais les familles mixtes se sont russifiées plus qu'elles n'ont intégré la diversité dans la culture familiale. Se déclarer russe a pu être, hier comme aujourd'hui, une stratégie de promotion sociale, une manière de faire corps avec le groupe majoritaire et avec l'État.

Dans la dernière décennie soviétique, quand la société s'est ouverte, les mouvements de redécouverte des identités locales et les revendications nationalistes ont émergé partout sur le territoire de l'URSS. La disparition de l'Union soviétique a entériné la reconnaissance de 15 États-nations, mais le nouvel État russe a dû se confronter aux exigences de reconnaissance portées par les minorités sur son propre territoire. La première guerre en Tchétchénie de 1994-1996, faisant suite à une déclaration d'indépendance des Tchétchènes, a clairement tracé une ligne rouge : aucun séparatisme n'était

1. Cadiot Juliette, *Le Laboratoire impérial. Russie-URSS (1860-1940)*, Paris, CNRS Éditions, 2007 ; Cadiot Juliette, Arel Dominique et Zakharova Larissa (dir.), *Cacophonies d'empire. Le gouvernement des langues dans l'Empire russe et l'Union soviétique*, Paris, CNRS Éditions, 2010.

admis par Moscou. Cependant, la nouvelle Constitution de 1993 a installé un État fédéral, avec une division qui recoupait partiellement les contours des groupes ethniques et accordait de larges prérogatives aux régions. Les années 1990 ont donc vu se développer les identités des groupes minoritaires. Dans les années 1990, la plupart des régions à fortes minorités ethniques ont donné le statut de langues officielles à leurs langues vernaculaires.

La situation de la langue du plus grand groupe minoritaire en Russie, le tatar, est révélatrice. À la fin des années 1980, la région apparaissait en grande partie russifiée. Le nombre de publications en tatar était inférieur à ce qu'il était avant la révolution de 1917 ; la langue n'était pas utilisée dans l'espace public, les écoles en tatar n'existaient plus qu'en milieu rural, et le russe était devenu la langue de préférence y compris pour des Tatars ethniques. Les années 1990 ont vu de nombreuses initiatives destinées à redonner une place à la langue de l'ethnie titulaire. En 1992, le tatar est devenu la deuxième langue officielle locale. La législation locale a rendu en 1997 obligatoire l'apprentissage du tatar dans toutes les écoles, quelle que soit l'appartenance ethnique de l'écolier, mais même avant cela, par une action volontariste des pouvoirs publics, le nombre d'apprenants avait considérablement augmenté[1]. Cependant, l'attractivité du tatar, toujours considéré comme la langue des campagnes et comme une matière secondaire à l'école, n'a pas forcément suivi la volonté politique, et, même si le nombre de locuteurs a augmenté, le russe est demeuré, notamment pour les

1. Gorenburg Dmitry, « The Failure of Tatar Language Revival – PONARS Eurasia » : https://www.ponarseurasia.org/the-failure-of-tatar-language-revival/, 23 juillet 2012, consulté le 31 mai 2022.

jeunes, une langue plus attractive. Dans la décennie suivante, Vladimir Poutine s'est attaché, à l'opposé de son prédécesseur, à reconstruire un État russe centralisé, vidant le fédéralisme fixé dans la Constitution de son sens. L'autonomie des régions, y compris linguistique, a été considérablement réduite. En 2017, le pouvoir russe a rendu facultatif l'apprentissage des langues locales sur tout le territoire du pays. « Le russe est pour nous la langue de l'État, la langue de la communication interethnique, et elle est irremplaçable ; c'est le cadre spirituel naturel de tout notre pays multinational. Tout le monde doit le maîtriser », déclarait le président russe en 2017[1]. Il est inacceptable de forcer un citoyen à apprendre une langue qui n'est pas celle de son groupe ethnique, continuait Poutine dans le même discours, voulant dire par là que les Russes ne pouvaient pas être forcés à apprendre le tatar. Il est inacceptable de diminuer les heures d'apprentissage du russe au profit de la langue minoritaire, concluait-il. Malgré la résistance de plusieurs régions, le Tatarstan en tête, les langues vernaculaires sont devenues facultatives à l'école[2], ce qui risque de conduire à leur étiolement progressif, puisque le choix du russe continue à être socialement valorisé[3].

1. Président de la Fédération de Russie, « Réunion du Conseil aux relations interethniques », site officiel, 20 juillet 2017, consulté le 6 juin 2022, source en russe (http://www.kremlin.ru/events/president/news/55109).
2. Moukhamedzhanov Bulat, « Le fédéralisme est resté seulement sur le papier », Radio Svoboda, 25 décembre 2017, consulté le 31 mai 2022, source en russe (Мухамеджанов Булат, « Федерализм остался только на бумаге », Радио Свобода, 25 декабря 2017 года, https://www.svoboda.org/a/28933083.html).
3. Jankiewicz Szymon, Knyaginina Nadezhda et Prina Federica, « Linguistic Rights and Education in the Republics of the Russian Federation:

Au-delà des politiques éducatives, des attitudes xénophobes et des pratiques de racisme ordinaire envers les citoyens ethniquement non russes sont révélatrices de la place des minorités ethniques et de leurs langues. Entre 30 et 40 % des citoyens russes considèrent que les Russes ethniques devraient avoir « certains privilèges » dans le pays[1] ; entre 50 et 60 % approuvent une affirmation telle que : « la Russie est pour les Russes »[2]. Les organisations non gouvernementales rapportent régulièrement des agressions contre les « Non-Slaves », et les témoignages de racisme ordinaire sont assez nombreux. Ce que la Russie fait aujourd'hui aux Ukrainiens et à leur langue, affirme la journaliste tatare Farida Kurbangaleeva, elle le faisait déjà depuis un moment à ses citoyens non-russes. Au-delà de l'évincement des langues minoritaires, le dénigrement est quotidien, explique-t-elle : cela passe par un refus de laisser entrer le Non-Slave dans une boîte de nuit, par le commentaire d'une directrice d'école sur les « enfants du Sud qui grandissent vite mais ont parfois un retard intellectuel », par une incitation à russifier son nom, ou par un refus de louer un logement à un Non-Russe[3]. Il n'est pas innocent que des témoignages comme

Towards Unity through Uniformity », *Review of Central and East European Law*, n° 1, vol. 45, 13 mars 2020, p. 59-91.

1. Enquête du Centre Levada, « Xénophobie et nationalisme dans les institutions étatiques », 11 mars 2022, consulté le 31 mai 2022, source en russe (Левада-центр, « Ксенофобия и национализм в государственной власти », 11 марта 2022 года, https://www.levada.ru/2022/03/11/ksenofobiya-i-natsionalizm-v-gosudarstvennoj-vlasti/).

2. *Ibid.*

3. Kourbangaleïeva Farida, « Ma dénazification personnelle », *Holod*, 28 mai 2022, consulté le 31 mai 2022, source en russe (Курбангалеева

celui-ci se multiplient tout particulièrement aujourd'hui, alors que l'imposition de la russophonie accompagne la guerre meurtrière menée par la Russie en Ukraine. La violence du pouvoir d'occupation russe qui s'attelle immédiatement à imposer sa langue dans les écoles d'Ukraine résonne de manière tout à fait particulière chez les minorités nationales russes qui ont subi à un moment de leur histoire un traitement similaire.

La langue et culture sont également devenues un élément pivot de la politique étrangère de l'État russe, notamment à travers la référence à une entité aux contours volontairement flous : le Monde russe. L'expression sort de la plume d'intellectuels russes[1] à la fin des années 1990, mais c'est avec l'arrivée de Vladimir Poutine au pouvoir qu'elle est montée en force dans les discours et les politiques du Kremlin[2]. Le concept de Monde russe renvoie à une zone d'influence plus large que le territoire de la Russie, plus large même que son voisinage immédiat. Il se fonde sur l'attachement à la langue et à la culture russes, qu'il soit porté par des Russes ethniques, des russophones, des descendants de ces derniers, quelle que soit leur nationalité. Il inclut également les sympathisants, ceux qui se sentent proches de cette langue et cette culture sans y être liés par leurs origines. Le Monde russe a tout d'un outil classique de *soft power*, souligne la chercheuse Marlène Laruelle,

---

Фарида, « Моя личная денацификация », *Холод*, 28 мая 2022 года, https://holod.media/2022/05/28/denacification/).

1. Tels que Petr Shchedrovitsky ou Gleb Pavlovsky. Voir Laruelle Marlene, *The « Russian World ». Russia's Soft Power and Geopolitical Imagination*, s.l., s.n., « Center for Global Interests Papers », 2015.

2. *Ibid.*

sur un modèle proche de celui de la francophonie[1]. Certaines déclinaisons de la promotion du Monde russe correspondent en effet à des politiques d'influence classiques, comme le soutien à l'enseignement du russe à l'étranger ou le développement des associations de diasporas. Qualifiées de « compatriotes », les diasporas russophones ont été particulièrement ciblées en tant qu'ambassadeurs du Monde russe, surtout dans les pays occidentaux[2]. Une loi de 2010 permet de qualifier de compatriotes non seulement les ressortissants des pays d'ex-URSS, mais aussi « des personnes ayant fait un libre choix en faveur d'un lien spirituel, culturel et juridique avec la Fédération de Russie, dont les ascendants directs résidaient auparavant dans la Fédération de Russie[3] ». Derrière le lien spirituel ou culturel qui peut à juste titre faire du Monde russe un centre d'attraction, il y a un instrument de politique étrangère aux accents belliqueux. En 2012, la Russie a ainsi créé un Fonds de soutien et de défense des droits des compatriotes résidant à l'étranger, doté d'antennes régionales, dont l'objectif est notamment de dénoncer le traitement des minorités russophones dans les pays où elles sont implantées[4]. Les États baltes et l'Ukraine ont souvent été dans le viseur de la critique, même si, en 2002, le curseur s'est déplacé vers une dénonciation de la russophobie, à l'est de l'Europe mais aussi dans les pays occidentaux.

1. *Ibid.*
2. « Amendements à la loi fédérale sur la politique de l'État à l'égard des compatriotes à l'étranger », 26 juillet 2010, source en russe (« Изменения в Федеральный закон “О государственной политике в отношении соотечественников за рубежом », 26 июля 2010).
3. https://rg.ru/documents/2010/07/27/sootech-dok.html
4. https://pravfond.ru/about/

Du statut de compatriote à celui du citoyen russe, il n'y a qu'un pas que l'État russe a souvent franchi. À la suite de la guerre conduite contre la Géorgie en Abkhazie et Ossétie du Sud en 2008, la Russie a massivement distribué des passeports russes aux populations de ces deux États : la quasi-totalité des habitants sont aujourd'hui *de jure* citoyens russes. Et c'est au nom de la protection des compatriotes russophones contre une oppression linguistique et culturelle que la Russie a participé à la guerre contre l'Ukraine conduite à partir de 2014 sur les deux territoires séparatistes du Donbass, la République populaire de Donetsk et celle de Louhansk. Depuis 2019, l'État russe a instauré un régime facilité d'obtention de la nationalité russe pour les habitants des deux républiques séparatistes. En deux ans, plus de 600 000 personnes sur une population totale de 2,5 millions, seraient devenues citoyens de la Fédération de Russie[1]. Par cette politique, l'État russe se laisse la liberté d'agir, y compris par l'ingérence ou par l'action militaire, pour défendre non seulement ses « compatriotes », mais désormais ses concitoyens, s'il les juge discriminés ou maltraités.

Le Monde russe en tant que projet culturel ne pouvait que susciter l'adhésion, surtout face au rétrécissement de l'espace où cette langue et cette culture s'épanouissaient. Non seulement les jeunes générations des États post-soviétiques parlaient de moins en moins le russe, au profit

1. Interfax, « Plus de 600 000 habitants de la République populaire de Louhansk et de la république populaire de Donetsk ont reçu des passeports russes », 14 juillet 2021, consulté le 6 juin 2022, source en russe (Интерфакс, « Более 600 тысяч жителей ЛНР и ДНР получили российские паспорта », 14 июля 2021 года, https://www.interfax.ru/russia/777835).

de l'anglais, mais les études russes avaient aussi été plutôt délaissées dans les pays occidentaux. Face à cette perte d'influence culturelle, l'initiative du Kremlin a semblé salutaire aux yeux de beaucoup d'observateurs n'y voyant pas malice. Cependant, au-delà de l'enveloppe financière et des facilités d'obtention de la nationalité, le Monde russe n'a pas réussi à rencontrer le succès escompté. Les valeurs conservatrices et le modèle de société que porte la Russie ne se sont pas imposés, et le volet belliqueux du projet est rapidement devenu dominant. Lorsque l'armée russe a occupé la ville de Marioupol au printemps 2022, l'une des premières actions du pouvoir d'occupation a été de changer les panneaux de signalisation à l'entrée de la ville. Une seule lettre, le « i », distingue l'écriture du nom « Marioupol » en russe et en ukrainien, mais tout le poids de l'occupation est dans ce « i ». Il s'agit non pas de permettre aux russophones d'utiliser leur langue – ce qu'ils n'ont jamais cessé de faire – mais d'effacer l'ukrainien de l'espace public. La défense des russophones n'est pas aujourd'hui celle du droit des peuples à utiliser leur propre langue ; elle passe plutôt par l'obligation pour certains peuples de basculer dans le russe, afin de marquer leur rattachement au Monde russe.

Au-delà de l'instrumentalisation politique, l'idée de la « grande culture russe » doit d'ailleurs être questionnée, car le corollaire de cette grandeur est la petitesse supposée des autres. En Russie, on aime ainsi rappeler que Mikhail Boulgakov ou Nicolas Gogol, bien qu'ayant vécu en Ukraine pour l'un et ethniquement ukrainien pour l'autre, sont des auteurs de langue russe, relevant de l'héritage littéraire russe. On souligne d'ailleurs fréquemment pour Boulgakov, dont la maison-musée est un incontournable des visites touristiques de Kyiv, le dédain qu'il avait de l'Ukraine et de son projet national. L'écrivain et intellectuel Alexandre Soljenitsyne écrit en 1998, avec un certain mépris : « Combien de décennies faudra-t-il encore pour élever la culture ukrainienne au niveau international ? À un niveau tel que les savants ukrainiens n'aient pas besoin de rédiger leurs travaux en russe s'ils veulent être traduits à l'étranger[1] ? » Le questionnement de Soljenitsyne confond l'infériorité d'une culture avec sa situation dominée. Si la culture ukrainienne doit passer par la langue russe pour accéder au statut de culture universelle, est-ce, comme pense Soljenitsyne, parce qu'elle est mineure ou locale, ou parce qu'elle a été placée en situation d'infériorité par l'Empire, puis par l'Union soviétique ?

Depuis quelques années, la nature postimpériale de l'État russe semble une évidence[2]. En revanche, parler de sa dimension coloniale suscite un malaise chez les intellectuels. Notre réserve vient à la fois de nos propres expériences qui ont forgé une certaine conception du colonialisme, de notre méconnaissance de la diversité de la Russie et du contenu de ses politiques ethniques, mais aussi de l'image que nos sociétés, et notamment les milieux de gauche, ont eue du projet soviétique. L'Union soviétique, bien qu'héritière et porteuse d'un projet impérial, s'est déclarée anti-impérialiste. Alliée des pays en voie de décolonisation, au nom d'une libération des citoyens de l'oppression, pouvait-elle simultanément être coloniale à l'intérieur de

1. Solzhenitsyn Aleksandr Isaevich, Philippenko Georges et Struve N. A, *La Russie sous l'avalanche*, Paris, Fayard, 1998, p. 139.
2. De Tinguy Anne, « Syndrome post-impérial et volonté de puissance », *Revue Projet*, n° 2, vol. 309, 2009, p. 10-17.

ses frontières ? L'égalité formelle des droits et la promotion des langues et cultures régionales ne réfutaient-elles pas l'idée même d'une colonisation ? L'absence de discrimination des citoyens sur un principe ethnique n'était-elle pas une preuve suffisante de l'absence d'une dimension coloniale ?

Les nombreuses voix qui se sont élevées pour affirmer la nature coloniale du régime soviétique, puis de la politique russe, viennent essentiellement des périphéries : les minorités ethniques à l'intérieur de la Russie, les intellectuels d'Asie centrale et des autres anciennes républiques soviétiques, des chercheurs occidentaux travaillant sur ces régions. Les travaux sur le sujet se sont multipliés depuis l'indépendance. Ces voix de la périphérie méritent une attention particulière, car c'est rarement du colonisateur que vient la prise de conscience de la domination qu'il exerce. Il est difficile pour un Russe aujourd'hui, même lorsqu'il est opposé au pouvoir du Kremlin, de comprendre pourquoi sa langue est perçue comme un outil d'oppression, ou pourquoi la centralité et la grandeur de la culture russe sont contestées. Nous aussi, dans les pays occidentaux, sommes influencés par le récit ethnocentrique russe, d'autant plus facilement que nous ignorons celui des confins de l'empire. La situation coloniale, nous apprennent les travaux des chercheurs du postcolonialisme, est un mode de domination multiforme qui ne se réduit pas à une oppression politique. Cette situation est celle où le colonisateur se donne le droit de définir le centre et la périphérie, de déclarer une culture comme universelle et une autre comme provinciale, d'attribuer des statuts de langue littéraire et de dialecte. Le colonisateur se place du côté de la modernité, en prétendant apporter aux populations arriérées les bonnes institutions, la haute culture, une inscription dans le monde contemporain. Les logiques d'hybridation entre la culture du centre et les appartenances locales sont aussi fréquentes dans un contexte postcolonial. Lorsque l'écrivain Svetlana Alexievitch déclare « J'ai trois foyers : ma terre bélarusse, la patrie de mon père où j'ai vécu toute ma vie, l'Ukraine, la patrie de ma mère où je suis née, et la grande culture russe »[1], elle ne fait pas autre chose que dire l'histoire de ce métissage si typique de la région. L'appropriation profonde de la culture russe par Alexievitch n'annule pas la domination par laquelle cette culture s'est imposée, et qui fait qu'aujourd'hui, la littérature du Bélarus s'écrit si peu en bélarussien.

Il est important de se demander si la capacité de l'Union soviétique, et plus tard de la Russie, à imposer la langue et la culture russes comme celles de la modernité relèvent de la même logique que l'imposition culturelle en Afrique ou en Asie par le colonisateur occidental, ou que les politiques d'oppression des langues régionales dans des pays comme la France. « La guerre en Ukraine est une guerre coloniale », écrit Timothy Snyder. Le débat sur la nature coloniale du rapport de Moscou à ses périphéries intérieures et extérieures, dans le passé mais aussi aujourd'hui, est vif depuis plusieurs années dans les milieux intellectuels locaux[2], et doit

1. Notice de Svetlana Alexievitch sur le site de son éditeur Actes Sud, https://www.actes-sud.fr/node/45821

2. Voir, par exemple, Shkandrij Myroslav, *Russia and Ukraine: Literature and the Discourse of Empire from Napoleonic to Postcolonial Times*, Montréal, McGill-Queen's University Press, « Comparative literature, Slavic studies », 2001. ; Chernetsky Vitaly, « Postcolonialism, Russia and Ukraine », *Ulbandus Review*, vol. 7, 2003, p. 32-62 ; Hagen Mark von, « From Imperial Russia to Colonial Ukraine » *in* Róisín Healy et Enrico Dal Lago (dir.), *The Shadow of Colonialism on Europe's Modern*

être considéré avec la plus grande attention. Et lorsque le directeur de l'un des plus grands musées russes, l'Ermitage, déclare en juin 2022 : « Nos dernières expositions à l'étranger sont tout simplement une puissante offensive culturelle. Une sorte d'"opération spéciale", si vous voulez[1] », il est indispensable de se demander dans quelle histoire s'inscrit cette militarisation explicite de la politique culturelle.

Past, Londres, Palgrave Macmillan UK, « Cambridge Imperial and Post-Colonial Studies Series », 2014, p. 173-193 ; Morozov Viatcheslav, *Russia's Postcolonial Identity: a Subaltern Empire in a Eurocentric World*, Houndmills, Basingstoke, Hampshire, Palgrave Macmillan, 2015.

1. Piotrovski Mikhaïl, « Pourquoi il est nécessaire d'être avec son pays quand elle effectue un choix et un tournant historiques », *Rossiïskaïa Gazeta*, 22 juin 2022, consulté le 22 juin 2022, source en russe (Пиотровский Михаил, « Почему необходимо быть со своей страной, когда она совершает исторический поворот и выбор », *Российская газета*, 22 июня 2022 года). Traduction de l'autrice.

Chapitre 6

Face au pouvoir

À l'hiver 2014, lorsque des Ukrainiens chassèrent le président Viktor Ianoukovitch du pouvoir à la suite de plusieurs mois de mobilisation sur la place centrale de Kyiv et ailleurs dans le pays, un certain nombre de citoyens russes envisagèrent de quitter leur pays pour s'installer en Ukraine. Le profil social de ces Russes était assez particulier : il s'agissait surtout d'opposants au pouvoir qui ne venaient pas forcément chercher en Ukraine une protection personnelle, mais étaient attirés par les opportunités offertes par un pays jugé plus démocratique et ouvert sur le monde. Parmi ces émigrés, on trouvait, par exemple, Maria Gaïdar, fille d'un homme d'État de premier plan des années 1990, elle-même femme politique qui quitta la Russie en 2015 pour redémarrer sa carrière. De nombreux journalistes prirent part à ce mouvement, même si beaucoup d'entre eux avaient déjà quitté la Russie avant la révolution du Maïdan, lorsque le pouvoir russe avait commencé à museler les médias : Evguenni Kiselev, Savik Shuster, Ksenia Turkova, Pavel Cheremet, et d'autres noms connus du monde médiatique. En tout, plus de 50 000 personnes, célèbres ou anonymes, ont quitté la Russie pour l'Ukraine entre 2014 et 2020[1]. En termes quantitatifs, ces chiffres n'ont rien d'impressionnant comparés à la migration dans l'autre sens, de l'Ukraine vers la Russie, où l'on recense à peu près le même nombre de migrants, notamment pour le travail, mais en une année. La Russie a été, tout au long des années postsoviétiques, une destination attractive pour les études ou la carrière des Ukrainiens, même si ces derniers ont encore plus massivement migré vers les pays occidentaux. Cependant, l'existence même de cette migration à double sens est un indicateur : si c'est en Russie qu'on va chercher la promesse d'une vie prospère, c'est en Ukraine que les opposants au système autoritaire sont venus chercher un autre modèle de société.

L'évolution politique des sociétés postsoviétiques est un cas d'école et une expérimentation sociale passionnante que nous ne savons pas toujours appréhender dans toute sa complexité. Quinze anciennes républiques de l'URSS ont donné naissance à quinze États indépendants qui, à partir d'un même système politique, économique et idéologique devaient construire quinze systèmes politiques nouveaux. Le point de départ est bien le même à la fin des années 1980 : des sociétés qui demandent l'ouverture politique et économique et l'abandon de l'idéologie communiste. La génération qui porte le changement est également souvent la même, avec des personnalités issues des milieux dissidents ou opposants, mais aussi beaucoup de

1. Klimchuk Oleg, « Ces dernières années, plus de 50 000 citoyens de Russie ont émigré en Ukraine », Deutsche Welle Russie, 12 novembre 2020, consulté le 31 mai 2022, source en russe (Олег Климчук, « За последние годы в Украину иммигрировали более 50 тысяч россиян/DW », Deutsche Welle, 12 ноября 2020 года, https://p.dw.com/p/3lC2f).

membres des élites politiques des dernières années soviétiques, pour beaucoup auréolés de la légitimité nouvelle que leur donnent les premières élections ouvertes. La plupart des pays issus de la disparition de l'URSS ont adopté dans un premier temps des systèmes politiques basés sur les principes de la démocratie représentative, avec une séparation entre pouvoirs législatif et exécutif, l'acceptation du multipartisme et de l'élection pluraliste comme mode de désignation des gouvernants. Mais, à partir de ce point de départ commun, tous ces pays ont suivi des chemins différents. La situation géographique et géopolitique, les références et traumatismes historiques, les ressources économiques et les ressources naturelles, ainsi que les caractéristiques démographiques ont donné lieu à une distribution inégale des cartes, et il y a autant de variantes d'évolution politique que d'États issus de la disparition de l'URSS.

La fin de l'Union soviétique n'est pas uniquement la fin d'un régime politique. Elle signe aussi l'effondrement d'un modèle social basé sur l'idée d'un État pourvoyeur de tous les biens. Elle remet par ailleurs en cause des stratégies de vie et des prévisions les plus élémentaires du lendemain : partir à la retraite, faire des études, se faire soigner, équiper le petit pour la rentrée, toutes ces actions auparavant garanties par l'État deviennent incertaines, voire inaccessibles. L'Ukraine comme la Russie ont vécu une crise économique majeure dans les années 1990 qui a profondément marqué les populations. Ces années sont à la fois celles d'une ouverture des frontières et des esprits, d'une effervescence créatrice dans tous les domaines, mais aussi d'une criminalisation et d'une déstabilisation de la société. En Russie, le choix fait par les réformateurs, dont Iegor Gaïdar, le père de Maria citée au début de ce chapitre, a été celui d'une « thérapie de choc » : privatiser radicalement l'économie, auparavant sous contrôle étatique et détruire les anciennes institutions politiques pour en instaurer de nouvelles. La privatisation de l'économie devait permettre l'émergence d'une économie de marché et la redistribution aux salariés de ce qui relevait de la propriété de l'État. L'Ukraine a suivi la même voie, avec quelques années de décalage. L'économie de marché s'est effectivement développée dans les deux pays, mais en se criminalisant[1], faute de régulation étatique. Les entreprises nouvelles ont fleuri, et beaucoup de Russes et Ukrainiens ont des parcours incroyables dans ces années 1990 qui témoignent d'une mobilité sociale sans précédent. Tel professeur de mathématiques de lycée est devenu gérant d'une échoppe, puis d'un magasin, puis d'une grande chaîne de prêt-à-porter ; telle médecin, faute de salaire, s'est retrouvée à la grande honte de sa famille représentante commerciale d'une grande marque de cosmétiques, puis a rapidement gravi les échelons pour diriger, au bout de quelques années, la filiale de cette marque. Tous ont des histoires de voisin de palier ou de camarade de classe, sans talent apparent ou carrément voyou, qui s'est mis en quelques mois à rouler dans une voiture de luxe, porter de grosses chaînes en or et dépenser ostensiblement des sommes faramineuses, avant de se faire assassiner dans un règlement de compte entre groupes mafieux. La libéralisation de l'économie a conduit à l'enrichissement d'une minorité, mais elle a plongé la majorité des Ukrainiens et des Russes dans la précarité, voire dans une misère qu'ils n'avaient pas connue depuis des décennies. Vladimir Poutine lui-même a avoué dans une interview avoir

1. Volkov Vadim, *Violent Entrepreneurs the Use of Force in the Making of Russian Capitalism.*, Ithaca, Cornell University Press, 2016.

travaillé comme chauffeur de taxi dans les années 1990 pour joindre les deux bouts[1] : une expérience partagée par des centaines de milliers de citoyens russes et ukrainiens. Ni l'État ni les grandes entreprises anciennement étatiques ne pouvaient plus payer les salaires de leurs employés. Alors que l'économie soviétique régulait de manière centralisée l'approvisionnement, la production et la commercialisation des marchandises, les industries se sont retrouvées à l'arrêt dans les années 1990, le temps de reconstruire des circuits, ou de réaliser que les produits anciens n'avaient plus de débouchés dans l'économie nouvelle. Les modalités de privatisation de ces entreprises n'ont pas tant profité aux citoyens qu'aux anciennes élites soviétiques ou aux grands entrepreneurs montants qui se sont arrangés pour détourner les processus de privatisation et devenir propriétaires d'entreprises en crise, mais dont le potentiel était considérable. C'est cette classe de nouveaux entrepreneurs qui a donné naissance à ce que l'on a appelé les « oligarques ». En Russie comme en Ukraine, dans les années 1990, ces clans ont rapidement cherché à prendre le contrôle du jeu politique. Au niveau institutionnel, la démocratisation avait effectivement eu lieu. Les Constitutions des deux pays ont mis en place des systèmes politiques à l'occidentale, avec une séparation des pouvoirs, un président et un parlement élus au suffrage universel direct et des garanties de droits et libertés publiques. Cependant, ces institutions politiques ont été rapidement mises au service de clans et de milieux

1. « Poutine a raconté son travail comme chauffeur de taxi dans les années 1990, RBC, 11 décembre 2021, consulté le 2 juin 2022, source en russe (« Путин рассказал о работе таксистом в 1990-е », РБК, 11 декабря 2021 года, https://www.rbc.ru/society/11/12/2021/61b50a409a79473908de0ce7).

d'affaires. Très vite, les citoyens russes et ukrainiens ont douté de la volonté de leurs classes dirigeantes de défendre autre chose que leurs intérêts particuliers, et la confiance dans les institutions politiques est demeurée basse dans les deux pays, tout au long de ces trente dernières années.

Le choc des années 1990 a joué un rôle déterminant dans la construction du rapport des Russes et des Ukrainiens à l'État et à la politique. Brutalement laissés sans filet de sécurité étatique, les hommes et femmes ordinaires ont développé d'impressionnantes capacités d'adaptation et de résistance aux crises économiques. Les conditions de vie de ces années-là sont devenues un repère permettant de jauger la gravité d'une situation : c'était acceptable « tant que ce n'est pas pire que dans les années 1990... » C'est également durant cette période qu'une attitude de défiance et de prise de distance vis-à-vis de l'État s'est consolidée. Les pratiques informelles, contournant les circuits officiels d'accès aux biens ou aux services publics, étaient déjà très répandues à l'époque soviétique[1]. Elles se sont généralisées dès les années 1990. Du paiement au noir de son médecin et de son enseignant au pot-de-vin versé à un fonctionnaire ou un policier et à l'évasion fiscale, la grande et petite économie s'est adaptée aux incapacités de l'État en le contournant de manière systématique. Dans les milieux des affaires, tout comme dans le milieu politique, la connaissance personnelle est devenue la base de la confiance : mieux valait créer son entreprise avec son cousin qu'avec un partenaire, mieux valait faire appel

1. Ledeneva Alena V., *Russia's Economy of Favours: Blat, Networking, and Informal Exchange*, Cambridge, Cambridge University Press, 1998.

à son ami d'enfance pour effectuer une mission de négociation délicate. L'instabilité permanente et le manque de garanties étatiques ont incité encore plus fortement les citoyens à compter sur leurs proches : famille étroite et élargie, amis, collègues de longue date. Se tenir le plus loin possible de l'État était aussi une stratégie de survie face à l'arbitraire des tribunaux, à la violence des forces de l'ordre ou à la corruption de l'administration, en Russie comme en Ukraine. « Tous pourris » est un diagnostic sur l'État et la classe politique partagé de Lviv à Vladivostok. Pour autant, le rapport des citoyens à ce pouvoir dont on se méfie est différent dans les deux pays.

Un mème circule sur l'internet russophone depuis plusieurs années. Sur la ligne du haut sont alignées plusieurs photos du président bélarusse, une par mandat à la tête du pays : Loukachenko, Loukachenko un peu plus vieux, Loukachenko encore plus vieux, six fois de suite. La ligne suivante est consacrée à la Russie : Eltsine, Poutine, Poutine, Medvedev, Poutine, Poutine. Enfin, la troisième ligne présente les présidents ukrainiens : Kravtchouk, Koutchma, Koutchma, Iouchtchenko, Ianoukovitch, Porochenko, et enfin Zelensky. Et, en-dessous de tous ces visages, on peut lire ce commentaire : « Tout ce que vous devez savoir sur les régimes politiques. » La représentation d'un système politique ne tient bien évidemment pas en un mème, mais le renouvellement régulier des présidents à la tête de l'Ukraine est plutôt une exception dans l'espace postsoviétique où les leaders s'accrochent souvent au pouvoir. Un seul président ukrainien a réussi à rester en place pour deux mandats consécutifs, et aucun parti ukrainien n'a gardé la majorité au parlement pendant plus d'un mandat. À l'inverse, la Russie indépendante a connu en trente ans seulement trois présidents, dont un, Dmitiri Medvedev, qui s'est révélé transitoire, et garde depuis plus de quinze ans un parlement dominé par un parti du pouvoir et quelques faux partis d'opposition.

Bien des reproches sont faits au pluralisme politique ukrainien, qualifié parfois de démocratie oligarchique. La compétition entre les forces politiques y est en effet permanente, entraînant une valse des gouvernants, mais elle ne serait que le paravent d'une confrontation des oligarques, hommes d'affaires puissants qui lancent des partis politiques, assurent leur financement et leur offrent une couverture médiatique sur les chaînes de télévision[1]. C'est ainsi que, derrière le président Zelensky, on a pu voir la figure du puissant Ihor Kolomoisky[2] ; son prédécesseur, Petro Porochenko, était lui-même considéré comme un oligarque ; Viktor Ianoukovitch était soutenu par le richissime Rinat Akhmetov. Dans ce système corrompu mais authentiquement pluraliste, où aucun acteur n'a bénéficié d'une position durablement dominante, d'un blanc-seing ou d'une confiance indéfectible, les citoyens ont joué un rôle clef, à travers des actions protestataires d'ampleur depuis les années 1990. La place de l'Indépendance à Kyiv, que beaucoup connaissent sous son nom abrégé de « Maïdan », a vu passer en trente ans

1. Kudelia Serhiy et Kasianov Georgiy, « Ukraine's Political Development after Independence » *in* Matthew Rojansky, Diana Dutsyk, Georgiy Kasianov, Mykhailo Minakov, José Casanova, Tymofiy Mylovanov, Margarita M. Balmaceda, Oksana Barshynova et Tymofii Brik (dir.), *From the « Ukraine » to Ukraine: A Contemporary History, 1991-2021*, Berlin, Ibidem Verlag, 2021.
2. Genté Régis et Siohan Stéphane, *Volodymyr Zelensky. Dans la tête d'un héros*, Paris, Robert Laffont, 2022.

de nombreux mouvements protestataires[1], dont trois ont été qualifiés de révolutions[2] : la « révolution de Granit » en 1990 où des jeunes Ukrainiens ont manifesté contre le pouvoir soviétique, la « révolution Orange » de 2004 pour contester les résultats de l'élection présidentielle, et la « révolution de la Dignité » en 2014 pour protester contre la politique du président en place. Certaines de ces protestations se sont faites à l'appel d'acteurs politiques, comme la révolution Orange ou l'action « Ukraine sans Koutchma » en 2000-2001. Dans d'autres, comme la révolution de la Dignité, les acteurs politiques ont rejoint ou endossé *a posteriori* des mobilisations spontanées. Cette protestation à l'ukrainienne a d'ailleurs une marque de fabrique, des répertoires protestataires qui se reproduisent d'une action à une autre. Dès la révolution de Granit, les manifestants ont occupé l'espace public en installant durablement des tentes et des campements, mettant en place des petites cités protestataires, organisées autour d'une scène centrale sur laquelle se focalise l'attention lors de grands rassemblements périodiques[3]. L'organisation en cité, avec ses cuisines de camp, ses braseros et ses lieux de rassemblement permettait de montrer au pouvoir que la protestation était là pour de bon, mais servait également à créer un lien entre les citoyens, à bâtir des communautés soudées

1. Goujon Alexandra, *Révolutions politiques et identitaires en Ukraine et en Biélorussie (1988-2008)*, Paris, Belin, 2009.
2. Kowal Paweł, Mink Georges et Reichardt Iwona (dir.), *Three Revolutions: Mobilization and Change in Contemporary Ukraine*, Stuttgart, Ibidem Verlag, 2019.
3. Onuch Olga, « The forgotten Revolution on Granite (1990) : A Legacy of Contention in Independent Ukraine », *in* Paweł Kowal, Georges Mink et Iwona Reichardt (dir.), *Three Revolutions: Mobilization and Change in Contemporary Ukraine*, *op. cit.*

autour d'un projet commun[1]. Dans un système politique corrompu, mais compétitif et, donc, hostile par nature à l'autoritarisme, les acteurs politiques ont certainement instrumentalisé les humeurs protestataires, mais le pouvoir s'est rarement risqué à réprimer les mobilisations. C'est d'ailleurs à la suite d'une intervention policière ordonnée par le président Ianoukovitch contre les premiers manifestants que la contestation s'est embrasée fin 2013, rassemblant des citoyens indignés par cette répression. Aux yeux des Ukrainiens, la protestation est, non seulement possible, mais régulièrement victorieuse, et le sentiment de pouvoir renverser le pouvoir en place, dans les urnes ou dans la rue, est un trait puissant de la culture politique ukrainienne. Cette mobilisation de Sisyphe, toujours recommencée face à un pouvoir toujours insatisfaisant, maintient la société ukrainienne dans un état de vigilance politique. L'incroyable soutien de plus de 90 % des Ukrainiens au président Zelensky dans les premiers mois de la guerre peut être très rapidement remis en cause, et ce sera une évolution normale pour cette société qui demande en permanence des comptes à ses gouvernants.

Au-delà des grands moments protestataires, la société ukrainienne a montré des capacités impressionnantes d'auto-organisation depuis le début de la guerre avec la Russie en 2014. Parce que l'État était manifestement incapable de contrer l'annexion de la Crimée et les désordres soutenus par la Russie dans le Donbass, beaucoup d'Ukrainiens ont rejoint des bataillons volontaires pour combattre à la place de l'armée officielle, et beaucoup d'autres se sont engagés

1. Colin Lebedev Anna, « La protestation postsoviétique et les grammaires de l'action collective. Une comparaison entre la Russie et l'Ukraine », *Revue d'études comparatives Est-Ouest*, n° 3-4, vol. 48, 2017, p. 95-124.

dans le financement, le ravitaillement et l'équipement de ces bataillons. De la confection des filets de camouflage à la livraison des repas, de l'achat des ambulances à l'acquisition d'armes, des soins aux blessés à la prise en charge des vétérans : la faiblesse de l'État a laissé un champ d'action considérable à la société[1]. Si les Ukrainiens ont mis en place une résistance aussi rapide face à l'attaque de la Russie en février 2022, c'est aussi grâce à la mobilisation de ces réseaux et à ce savoir-faire.

Cette expérience de position citoyenne active rend d'ailleurs incompréhensible aux yeux de beaucoup d'Ukrainiens la faiblesse des mouvements sociaux et de la protestation en Russie. Le rapport au pouvoir s'est, en effet, structuré très différemment de l'autre côté de la frontière.

Bien des observateurs ont déploré le faible développement des mouvements sociaux et d'une « société civile » russe qu'on s'attendait à voir émerger après la chute de l'Union soviétique, et dont on pensait qu'elle exercerait un rôle de contre-pouvoir. Les années 1990 ont bien vu l'émergence d'organisations non gouvernementales dont la voix a porté : « Mémorial », engagée dans la dénonciation du stalinisme et la réhabilitation de ses victimes ; le Comité d'assistance civique qui venait en aide aux migrants et aux réfugiés ; les Comités des mères de soldats, vaste réseau d'organisations prenant en charge la défense des conscrits dans l'armée russe. Cependant, ce n'est pas dans la rue que l'action de ces mouvements

1. Shukan Ioulia, « Émotions, liens affectifs et pratiques de soin en contexte de conflit armé. Les ressorts de l'engagement des femmes bénévoles dans l'assistance aux blessés militaires du Donbass », *Revue d'études comparatives Est-Ouest*, n° 2, vol. 2, 2018, p. 131-170.

sociaux s'est surtout déployée. Si, au début des années 1990, les Mères de soldats ont exprimé leurs revendications dans des meetings, elles ont assez rapidement choisi d'autres modes d'action pour protéger et défendre les soldats : le lobbying auprès des politiques et des militaires, mais aussi, et surtout, la mise en place d'un dispositif d'accueil et d'aide individuelle[1]. Lorsque la famille d'un conscrit maltraité, malade ou envoyé combattre en Tchétchénie contre son gré, sollicitait un Comité des mères de soldats, celui-ci usait de ses connaissances juridiques et des contacts établis au sein de l'organisation militaire pour répondre à la demande et parvenir à faire démobiliser le soldat, à le transférer dans une autre unité, ou encore à aider la mère à aller chercher son fils en zone de combat. La grande fierté des Mères de soldats a été cette capacité croissante à aider efficacement chaque soldat qui en avait besoin. En revanche, les revendications générales de réforme de l'armée n'ont pas véritablement été entendues, et sont progressivement passées au second plan de l'action de l'ONG[2]. Le problème est bien là : si les mouvements sociaux ont eu toute la liberté d'exercer et de protester dans les années 1990, ils s'adressaient à un État qui n'était pas forcément hostile, mais qui restait indifférent à leurs revendications[3]. La société, partagée entre lutte de survie et ambitions de réussite personnelle, n'était pas non plus disponible pour donner une assise aux revendications de ses membres les plus actifs.

1. Melnikova Valentina et Lebedev Anna, *Les Petits Soldats. Le combat des mères russes*, Paris, Bayard, 2001.
2. Colin Lebedev Anna, *Le Cœur politique des mères. Analyse du mouvement des mères de soldats en Russie*, Paris, Éditions de l'EHESS, 2013.
3. Daucé Françoise, *Une paradoxale oppression. Le pouvoir et les associations en Russie*, Paris, CNRS Éditions, 2013.

À son arrivée au pouvoir, Vladimir Poutine s'est appuyé sur les traumatismes et frustrations des années 1990 pour imposer ses priorités : le retour de l'État, jugé gangréné par la corruption et l'influence des milieux des affaires ; le maintien de l'ordre public pour contrer la criminalisation de la société ; le projet de stabilité après une décennie chaotique. Petit à petit, Poutine a pris le contrôle sur la classe politique, les milieux économiques et les ressources du pays. Le contour des institutions s'est modifié au cours des années 2000. Une législation de plus en plus restrictive sur les partis politiques et les élections a permis l'émergence d'un parti dit « du pouvoir », Russie Unie, fermement contrôlé par l'exécutif[1], et d'ériger des barrières empêchant l'opposition d'accéder à la compétition politique. Progressivement, des conditions difficiles à remplir pour enregistrer un parti, des seuils électoraux élevés, mais aussi divers petits empêchements que l'administration a le pouvoir d'imposer aux candidats indésirables, avaient asséché les partis d'opposition avant même que des mesures plus répressives ne soient utilisées. S'il existe toujours des cercles d'opposants en Russie, la possibilité d'accéder à la compétition électorale leur a été en grande partie enlevée. D'autres réformes ont vidé l'organisation fédérale de son sens : les régions ont perdu une bonne partie de leurs ressources propres tirées des impôts locaux, et Moscou a pris le contrôle sur le choix des gouverneurs des régions auparavant élus au suffrage universel direct. Le président russe a aussi installé un contrôle de plus en plus étroit sur les milieux d'affaires et les grandes entreprises :

1. Fauconnier Clémentine, *Entre le marteau et l'enclume. La fabrication d'une hégémonie partisane dans la Russie de Poutine*, Villeneuve-d'Ascq, Presses universitaires du Septentrion, 2019.

le pouvoir était prêt à fermer les yeux sur leurs agissements dans la décennie 1990, à condition qu'ils abandonnent toute tentative de peser sur la décision politique, et se placent au contraire au service du Kremlin. L'arrestation en 2003 et la condamnation en 2005 du puissant dirigeant de société pétrolière Mikhail Khodorkovsky étaient un signal envoyé aux oligarques qui hésitaient encore à respecter cet arrangement. Il reste bien des hommes d'affaires puissants en Russie, mais il n'y a plus d'oligarques, si l'on entend par là des grandes fortunes qui pèsent sur la décision politique. Le même type de contrat a été proposé à la société civile : seuls les mouvements sociaux qui coopéraient avec l'État et rejoignaient les différentes instances de consultation auprès des administrations pouvaient être entendus[1].

L'un des éléments ayant rendu possible cette prise de contrôle du Kremlin sur la vie politique est la manne énergétique qui a rempli les caisses publiques. Grâce à l'envolée du prix des hydrocarbures qui permettait au pouvoir russe de disposer de ressources financières considérables, le Kremlin s'est positionné dans ces années 2000 comme un pourvoyeur de ressources et de richesses. Cela s'est traduit par des hausses des retraites et des salaires des fonctionnaires qui marquaient bien aux yeux de la population le retour de l'État social qui avait disparu avec l'Union soviétique. Pour les entrepreneurs, la distribution de richesses est passée par des circuits corruptifs d'octroi des marchés publics. La « verticale de l'État » promise par Poutine a pris la forme d'une verticale de la corruption, où la proximité personnelle aux décideurs déterminait la possibilité de faire des

1. Daucé Françoise, *Une paradoxale oppression. Le pouvoir et les associations en Russie*, *op. cit.*

affaires et de s'enrichir[1]. Des programmes de financement, et, notamment, un « fonds présidentiel », ont aussi été proposés aux ONG loyales. Le choix auquel ont dû faire face les ONG, notamment celles engagées dans des questions sociales, n'était pas simple : alors que la posture d'opposition et de dénonciation s'est révélée largement inefficace au cours des années précédentes, l'État semblait accepter de soutenir leurs causes, au prix de la loyauté politique. C'est ainsi que Chulpan Khamatova, star de cinéma, figure de la société civile et créatrice de la fondation « Offre la vie » qui aide les enfants atteints de cancer, a pris la décision très critiquée de soutenir publiquement le candidat Vladimir Poutine pour sa réélection de 2012. Le soutien de l'État était indispensable à Khamatova qui œuvrait alors à créer le premier centre d'oncologie pédiatrique en Russie, hôpital qui pouvait enfin offrir des soins de niveau international aux petits malades russes[2]. Le même choix entre convictions politiques et principe de réalité s'est posé à beaucoup d'activistes, dans un dilemme où il n'y avait pas de bonne solution. L'allongement des mandats de Poutine n'a fait qu'accentuer le problème : alors que la protestation semblait toujours aussi stérile contre un pouvoir qui donnait l'impression de s'installer indéfiniment, était-il moralement acceptable de continuer à consacrer ses efforts à la contestation du pouvoir plutôt qu'à l'aide concrète à autrui ?

1. Barsukova Svetlana, « Mutations du capitalisme et institutionnalisation de la corruption dans la Russie contemporaine », *Revue internationale de politique comparée*, n° 3, vol. 20, 2013, p. 41-63.
2. Colin Lebedev Anna, *Figures de la campagne présidentielle russe. Épisode 1 : L'engagement de Chulpan*, https://blogs.mediapart.fr/anna-lebedev/blog/160212/figures-de-la-campagne-electorale-russe-episode-1-lengagement-de-chulp, 16 février 2012, consulté le 5 juin 2022.

Le contrat social liant les Russes à leur pouvoir dans la Russie poutinienne a été celui du laisser-faire mutuel : tant que les citoyens n'interféraient pas dans la gestion autoritaire de l'État, ce dernier les laissait bénéficier de ses largesses, et fermait les yeux sur leurs actions. À partir de 2011, une politique répressive de plus en plus marquée a progressivement changé la nature de ce contrat. Cette année-là, d'une manière inattendue pour les observateurs comme pour les pouvoirs publics, les élections législatives russes ne se sont pas déroulées comme prévu. Ce scrutin à enjeu limité, qui consiste à choisir entre des candidats issus de partis dont aucun n'est véritablement force d'opposition, pour intégrer un parlement jouant un simple rôle de chambre d'enregistrement, ne passionne habituellement pas la population. Des activistes sont arrivés cependant à impliquer un nombre important de jeunes Russes dans un jeu nouveau : la traque de la fraude électorale pratiquée par le pouvoir. Les comptes rendus de fraude se sont multipliés, des vidéos et des récits ont circulé sur les réseaux sociaux. Dans les villes, un nombre important de jeunes sont sortis à plusieurs reprises dans les rues pour adresser ce message au pouvoir : nous ne sommes pas opposés aux élites en place, à condition qu'elles nous écoutent et nous respectent. Petit à petit cependant, le mouvement est devenu une véritable contestation de Vladimir Poutine et de son entourage. Ce mouvement massif, connu sous le nom des « protestations de la place Bolotnaya », a permis une réappropriation des questions politiques par de nombreux Russes[1]. Si, en apparence, le pouvoir est resté

1. Alioukov Maxime, Erpyleva Svetlana *et al.*, « La Politique des apolitiques : mouvements civiques en Russie en 2011-2013 », *Novoe literaturnoe obozrenie*, Moscou, 2014, source en russe (Алюков Максим, Ерпылева Светлана

indifférent aux revendications, de nombreuses arrestations et condamnations ont eu lieu. La répression de toutes les expressions publiques de mécontentement s'est accentuée à partir de ce moment-là, avec un changement de discours : la focale du pouvoir poutinien s'est en effet déplacée de la scène intérieure vers la scène internationale. Toute protestation était soupçonnée d'être organisée par des ennemis à l'extérieur de la Russie cherchant à détruire le pays. La loi sur les « agents de l'étranger » adoptée en 2012, a donné la possibilité au pouvoir de coller une étiquette infamante aux ONG engagées dans une activité politique et recevant un financement étranger, dans une formulation tellement large que quasiment toute association pouvait y être soumise. En 2017, cette loi a été étendue aux médias, puis, en 2019, aux personnes physiques. Le statut d'agent de l'étranger tout comme les peines réelles de prison données pour les actions les plus anodines sur la scène publique ont considérablement augmenté le coût de la prise de parole critique dans la décennie 2010, sans jamais parvenir à éteindre complètement la contestation. Comprendre pourquoi les Russes ne se sont pas massivement opposés à la montée de l'autoritarisme, c'est prendre en compte la complexité de ces choix où se mêlent la volonté de se tenir le plus loin possible de l'État et les bienfaits matériels offerts par le régime ; l'opposition au régime et le besoin de coopérer avec ce dernier lorsque cette coopération permet d'améliorer le fonctionnement de la société ; la nécessité morale de faire entendre sa position de citoyen, et la conscience aiguë que cette prise de parole entraînera une répression féroce, mais ne changera rien au

и др., « Политика аполитичных: Гражданские движения в России 2011-2013 годов », *Новое литературное обозрение*, Москва, 2014).

pouvoir en place. À la différence de l'Ukraine, l'histoire politique russe offre peu d'exemples de protestations citoyennes victorieuses. Pour beaucoup de Russes, la solution choisie a été de fermer les yeux : se recentrer sur la famille, la carrière, les proches et l'entourage immédiat, se contenter de faire son travail, éviter autant que possible le contact avec les sujets politiques. Profiter de la vie, dépenser et s'amuser a été un credo puissant chez les Russes urbains de la jeune génération qui auraient pu porter une volonté de changement. La mémoire traumatique des familles russes, bien qu'elle soit rarement rendue publique, sous-tend cette posture : s'il est aussi impératif de se recentrer sur soi et son plaisir, c'est que la misère est encore récente, que la catastrophe n'est jamais loin, et qu'on peut tout perdre du jour au lendemain, comme c'est souvent arrivé aux générations précédentes. Le contrat social poutinien, en promettant stabilité, confort et insouciance, a représenté pour beaucoup de Russes une parenthèse bienvenue. Le prix à payer s'est cependant révélé très lourd.

Chapitre 7

L'empreinte de la violence

La dernière guerre dans laquelle Russes et Ukrainiens ont combattu ensemble était celle conduite par l'Union soviétique en Afghanistan, entre 1979 et 1989, qui avait pour objectif affiché d'aider le pouvoir nouvellement installé de la république démocratique d'Afghanistan à combattre des groupes d'insurgés. Moscou avait envoyé sur le front, au nom d'un « devoir internationaliste », des militaires professionnels, mais aussi un grand nombre de conscrits, jeunes hommes à partir de 18 ans, venant de tout le pays. Plus de 500 000 soldats et officiers ont pris part à cette guerre, et 15 000 d'entre eux, au moins, y ont perdu la vie. Ce conflit a marqué la société soviétique des dernières années du régime communiste. Lorsque la parole a commencé à se libérer dans le pays à partir du milieu des années 1980, la question du coût humain d'une guerre conduite dans un pays lointain, pour des objectifs qui semblaient très éloignés des préoccupations quotidiennes des familles soviétiques, a pu être posée. La société acceptait de moins en moins de sacrifier ses enfants, et découvrait également un mal nouveau auquel a été donné le nom de « syndrome afghan », stress post-traumatique des anciens combattants soviétiques. Le retour des soldats d'Afghanistan à la vie civile n'était pas simple : ils se sentaient isolés et incompris dans une société pour laquelle le terme de « vétérans » était réservé aux combattants de la Grande Guerre patriotique, vus comme ceux qui avaient pris les armes pour une cause juste. Pour les soldats démobilisés juste avant le retrait soviétique d'Afghanistan, au choc du retour à la vie civile s'est ajouté celui de la fin de l'Union soviétique, où, dans la transformation de fond en comble de la société, plus personne ne se préoccupait d'eux, oubliant cette guerre qui semblait juste une erreur historique de plus du régime[1].

Pour l'Ukraine, la guerre en Afghanistan a bien été, jusqu'en 2014, le dernier conflit dans lequel ses soldats se sont trouvés belligérants[2]. Pour la Russie, elle n'était que le prélude à d'autres guerres dans lesquelles l'État russe, comme l'URSS auparavant, enverrait de jeunes gens perdre la vie. La différence est de taille, car, si pour la société ukrainienne, la guerre était sortie pour plusieurs décennies de l'horizon des possibles, dans la société russe, les périodes sans guerre n'étaient finalement que des intermèdes pendant lesquels la pression sur les hommes en âge d'être appelés sous les drapeaux se relâchait un peu.

Seulement six ans après la fin du retrait des forces armées soviétiques d'Afghanistan, l'État russe avait déclenché sa première guerre en Tchétchénie. L'histoire de cette petite

1. Danilova Natalia, « Veterans' Policy in Russia : a Puzzle of Creation1 », *The Journal of Power Institutions in Post-Soviet Societies*, Issue 6/7, 20 décembre 2007.
2. Colin Lebedev Anna, « D'une guerre à l'autre. Les vétérans d'Afghanistan dans le conflit armé dans le Donbass », *Revue d'études comparatives Est-Ouest*, nº 2, vol. 2, 2018, p. 65-92.

république du Nord-Caucase est en elle-même un concentré de logiques de violence subie de la part de l'État, et diffusée en retour. La résistance de ce peuple musulman du Caucase à la conquête par l'Empire russe, mais aussi à la soviétisation dans la première moitié du XXe siècle, a posé un problème continu aux autorités russes et soviétiques qui ont cherché à contrôler et à réprimer les Tchétchènes. Tout comme d'autres « peuples punis », les Tchétchènes ont été accusés de collaboration avec les nazis et déportés en Asie centrale en février 1944. Près d'un demi-million de personnes ont été envoyées dans des conditions inhumaines au Kazakhstan et au Kirghizstan. Même si les Tchétchènes et les Ingouches ont été réhabilités et autorisés à revenir chez eux après la mort de Staline, les tensions n'ont jamais véritablement cessé et elles ont même connu un regain d'activité dans le sillage des mouvements de renaissance nationale de la fin de la période soviétique[1]. En septembre 1991, les autorités de la république ont proclamé leur indépendance de la Russie, ce qui était une décision inacceptable pour le pouvoir russe qui craignait un effet domino sur les autres régions, et une désintégration possible de la Russie. Après plusieurs années de conflits politiques et de confrontations violentes à l'intérieur de la République, le pouvoir russe de Boris Eltsine, au prétexte d'un « rétablissement de l'ordre constitutionnel », a fait intervenir l'armée fédérale en Tchétchénie en décembre 1994, engageant une véritable guerre de haute intensité contre les citoyens de son propre pays. La première guerre de Tchétchénie, prévue

1. Werth Nicolas, « The "Chechen Problem": Handling an Awkward Legacy, 1918-1958 », *Contemporary European History*, n° 3, vol. 15, 2006, p. 347-366.

pour être une opération éclair, a duré jusqu'en août 1996, avec un bilan humain et matériel très lourd, et s'est terminée par la signature des accords de Khassaviourt, plutôt à l'avantage des Tchétchènes. Après quelques brèves années de transition chaotique, le pouvoir russe a lancé, à partir de septembre 1999, une deuxième guerre contre la Tchétchénie, cette fois-ci présentée comme une opération de lutte contre le terrorisme, engageant non seulement l'armée, mais aussi des forces de police et des forces d'intervention spéciale. Le bilan a été encore plus meurtrier et destructeur. Cette deuxième guerre, qui ne disait pas son nom, dont la fin est difficile à dater[1], a conduit à une reprise en main par Moscou, et à un verrouillage de plus en plus étroit de la république par le pouvoir central. En 2009, l'opération de lutte contre le terrorisme décrétée par Moscou était officiellement terminée, perdue par les forces tchétchènes.

L'impact des guerres en Tchétchénie a été majeur, à la fois dans la république, et ailleurs en Russie. Des dizaines de milliers, voire des centaines de milliers d'habitants de Tchétchénie ont péri dans les deux conflits. Grozny, capitale de la Tchétchénie, a été rasé par l'artillerie russe. 25 000 soldats russes ont perdu la vie, selon les estimations de l'Union des comités des mères de soldats[2]. « La guerre est peut-être terminée, écrivent les autrices d'un

1. Le Huérou Anne, Merlin Aude, Regamey Amandine et Sieca-Kozlowski Elisabeth, *Chechnya at War and Beyond*, Londres, Routledge, Taylor & Francis Group, 2014.
2. « Les mères de soldats informent que plus de 25 000 militaires russes sont morts en Tchétchénie », *Kavkazskiï Uzel*, 11 juin 2005, consulté le 23 juin 2022, source en russe (« Солдатские матери сообщают, что в Чечне погибли более 25 тысяч российских военных », *Кавказский Узел*, 11 июня 2005 года, https://www.kavkaz-uzel.eu/articles/76892/).

livre consacré aux conséquences des deux guerres, mais la violence continue[1]. » La deuxième intervention russe en Tchétchénie qui avait démarré en 1999 était profondément liée, souligne Anne Le Huérou dans le même livre, à la construction par Vladimir Poutine de l'ossature de son régime politique, reposant notamment sur l'idée que Moscou devait être capable de rétablir et de maintenir l'ordre dans le pays. En installant à la tête de la république Ramzan Kadyrov, le Kremlin a délégué l'écrasement de la résistance tchétchène à un acteur local n'hésitant aucunement à recourir à la violence la plus brutale contre toute opposition ou tout désaccord. Le pouvoir fermait les yeux sur ses agissements tant que le leader tchétchène arrivait à garder le contrôle en restant loyal à la Russie. La violence perpétrée par Kadyrov et son clan est devenue une violence d'État[2]. Au début des années 2010, une grande partie des policiers tchétchènes, relevant officiellement du ministère de l'Intérieur russe, n'avaient pas été formés ni socialisés au maintien de l'ordre, mais à la guerre et à la coercition arbitraire, et leurs pratiques étaient celles d'un groupe combattant violent, se rendant coupable d'enlèvements, d'actes de torture et d'assassinats. Ces groupes ont opéré d'ailleurs également en dehors de la Tchétchénie comme en témoigne l'assassinat du politicien d'opposition Boris Nemtsov, abattu en plein centre de Moscou par des tueurs tchétchènes dont le donneur d'ordre n'a pas été identifié. Sur le territoire même de

1. Le Huérou Anne, Merlin Aude, Regamey Amandine, et Sieca-Kozlowski Elisabeth, *Chechnya at War and Beyond*, *op. cit.*

2. Le Huérou Anne et Merlin Aude, « La Tchétchénie de Kadyrov, atout ou menace pour l'État russe ? », *Revue Défense Nationale*, n° 7, n° 802, 1er septembre 2017, p. 177-184.

la Fédération de Russie, peuplée de citoyens russes, la Tchétchénie est aujourd'hui une zone de non droit qui diffuse la violence au-delà de son territoire, les corps armés tchétchènes opérant comme des commandos mercenaires.

L'onde de choc des guerres de Tchétchénie s'est aussi propagée dans la société russe *via* les soldats de la Fédération de Russie qui y ont combattu. Alors que l'écho de l'expérience traumatique des vétérans d'Afghanistan se faisait encore sentir, une nouvelle génération d'hommes passés par la guerre – 1,8 million de personnes selon les estimations[1] – revenait à la vie civile, après une expérience de guerre plus ou moins longue, mais particulièrement traumatisante. Au cours de la première guerre, de nombreux jeunes conscrits avaient été envoyés au combat contre leur gré. Ces soldats, à de très rares exceptions, n'avaient pas été préparés à cette guerre brutale où ils devaient souvent prendre pour cible des civils. Plus encore, de retour à la vie civile, ces jeunes Russes ont à nouveau été confrontés à une autre forme de violence, cette fois-ci de la part de l'État russe qui a refusé de prendre sa part de responsabilité dans leur devenir[2]. Sous la présidence de Boris Eltsine, tout comme sous celle de Vladimir Poutine, l'État s'est montré indifférent et négligent dans la collecte et l'identification des corps sur le champ de bataille, dans la recherche des soldats disparus, dans les soins et la réhabilitation des blessés, dans le paiement des soldes dues aux

1. Le Huérou Anne et Sieca-Kozlowski Elisabeth, « 1. Un "syndrome tchétchène" ? Les vétérans russes de la guerre de Tchétchénie, acteurs et vecteurs d'une transposition de la violence de guerre », *in* Nathalie Duclos (dir.), *L'adieu aux armes ?*, Paris, Karthala, 2010, p. 39-81.
2. *Ibid.*

combattants, et, bien évidemment, dans l'accompagnement de leur réinsertion dans la société. La guerre avait été violente, mais le retour des combattants à la vie civile l'était plus encore. Certes grâce à l'action des mouvements des Mères de soldats que certains anciens combattants et familles des soldats tués ont pu obtenir une reconnaissance et un respect minimal de la part de l'État[1]. Les Mères de soldats ont réussi à faire bouger quelques lignes : le principe de l'accord volontaire du conscrit pour être envoyé en zone de combat a été officialisé en 1996, et le laboratoire médico-légal d'identification des corps n° 124 a été ouvert par l'institution militaire à Rostov-sur-le-Don, avec pour mission spécifique de conserver et d'identifier les dépouilles des combattants. Cependant, les années Poutine ont réduit ces acquis comme une peau de chagrin : le principe de volontariat des conscrits a été abandonné dès 1999, et la mission d'identification des soldats a été diluée dans d'autres fonctions attribuées au laboratoire de Rostov. « Ta patrie te laissera tomber, fiston. Toujours. » Ces mots martelés d'article en article par le journaliste russe Arkadi Babtchenko, ancien combattant de la première guerre en Tchétchénie, sonnent bien plus juste en Russie que le slogan officiel « Rien n'est oublié, personne n'est oublié » utilisé rituellement par l'État russe dans les actions commémoratives.

Les vétérans de Tchétchénie, auteurs et victimes de violences, ont transposé des pratiques violentes dans d'autres domaines de la société russe, dans une « spirale de brutalisation[2] ». Ainsi, en 2004, sous prétexte d'une opération

1. Melnikova Valentina et Lebedev Anna, *Les Petits Soldats. Le combat des mères russes*, Paris, Bayard, 2001.
2. Le Huérou Anne et Sieca-Kozlowski Elisabeth, « Un "syndrome tchétchène" ? Les vétérans russes de la guerre de Tchétchénie, acteurs et

de lutte contre la délinquance, les forces de l'ordre russes ont conduit pendant plusieurs jours des exactions massives contre la population à Blagovechensk, une petite ville de 30 000 habitants, située à 1 300 kilomètres à l'est de Moscou. Ils y avaient mené des rafles et commis des actes de violences totalement disproportionnés par rapport à la mission qui leur avait été confiée. Les forces de police impliquées venaient de rentrer de leur tour de service en Tchétchénie[1]. Il ne s'agit pas là d'un cas isolé. D'autres exemples d'un tel déferlement de violence par d'anciens soldats passés par la Tchétchénie ont été documentés à plusieurs reprises par les organisations des droits de l'homme[2]. Les guerres conduites par la Russie ont fait tache d'huile partout dans le pays.

La guerre n'est cependant pas la seule en cause dans cette violence imprimée au cœur des destins personnels. Les sociétés postsoviétiques, Ukraine et Russie comprises, ont hérité à l'indépendance d'un fonctionnement des institutions où le niveau de violence était important. Depuis des années, chercheurs et militants décrivent et dénoncent la brutalité de la société russe, organisée voire encouragée dans un certain nombre d'institutions comme la prison, l'armée, la police, les orphelinats, les institutions d'accueil de personnes

---

vecteurs d'une transposition de la violence de guerre », *in* Nathalie Duclos (dir.), *L'adieu aux armes ?*, *op. cit.*

1. Nougayrède Nathalie, « Rafles, tortures, intimidations : les dérapages des forces spéciales russes à Blagovechensk », *Le Monde*, 16 mars.

2. Le Huérou Anne et Sieca-Kozlowski Elisabeth, « Un "syndrome tchétchène" ? Les vétérans russes de la guerre de Tchétchénie, acteurs et vecteurs d'une transposition de la violence de guerre », *in* Nathalie Duclos (dir.), *L'adieu aux armes ?*, *op. cit.*

handicapées[1], mais également la violence domestique[2]. On peut penser la violence inhérente au maintien de l'ordre et aux institutions fermées, quel que soit le pays du monde, mais la manière dont celle-ci est institutionnalisée et encouragée est bien différente.

C'est la Russie et, dans une moindre mesure, le Kazakhstan qui ont hérité de la masse terrifiante des camps de détention du Goulag[3], souvent situés dans les régions périphériques et isolées du pays. L'institution pénitentiaire soviétique a disparu, mais, si un grand nombre de camps ont été abandonnés, la Russie reste aujourd'hui à la 23e place mondiale en termes de nombre de prisonniers par habitant, l'Ukraine étant à la 122e place, et le Kazakhstan à la 87e, selon les données du *World Prison Brief*[4]. Surtout, les pratiques violentes n'ont jamais cessé et semblent au contraire systématiques. La torture en milieu carcéral est documentée depuis de longues années par les ONG de défense des droits de l'homme, telles que le Comité contre la torture, Public Verdict ou Agora. Récemment, un lanceur d'alerte russe et un ancien détenu ont réussi à collecter et à diffuser un nombre

1. ACAT France, « Les multiples visages de la torture », 2013, https://www.acatfrance.fr/rapport/les-multiples-visages-de-la-torture, consulté le 27 juin 2022 ; « The Evolution of Prisons and Penality in the Former Soviet Union », *The Journal of Power Institutions in Post-Soviet Societies*, n° 19, 2018 ; « Police Brutality & Police Reform in Russia and the CIS », *The Journal of Power Institutions in Post-Soviet Societies*, n° 13, 2012.
2. Human Rights Watch, « "I Could Kill You and No One Would Stop Me" : Weak State Response to Domestic Violence in Russia », s.l., 2018.
3. Musée d'histoire du Goulag, *Gulag Map*, https://gulagmap.ru/, consulté le 23 juin 2022.
4. *World Prison Brief. An online database comprising information on prisons and the use of imprisonment around the world*, https://www.prisonstudies.org/, consulté le 23 juin 2022.

important d'enregistrements vidéo fournissant des preuves accablantes de viols et de tortures sur les détenus, publiés sur le portail au nom évocateur de « Non au Goulag »[1]. Ces images ne viennent pas de caméras cachées, mais ont bien été enregistrées par l'administration elle-même qui en fait un moyen de pression sur les détenus. « Le système carcéral russe est bâti sur la violence », affirme la défenseuse russe des droits de l'homme Zoia Svetova[2]. La violence n'est pas un dysfonctionnement du système, mais fait partie du dispositif de maintien de l'ordre et de l'enquête. Dans le système judiciaire russe, explique le chercheur Kirill Titaev, les aveux obtenus sous la torture sont recevables et peuvent être utilisés à la fois par la police et par les institutions pénitentiaires[3]. La violence n'est pas une dérive personnelle, mais la conséquence d'un système qui incite à son usage. « Il n'est pas exagéré de dire que toute personne qui s'engage comme policier aujourd'hui, commencera dans six mois à frapper de temps en temps des détenus, ou démissionnera », écrit Titaev[4]. Surtout, constatent les défenseurs des droits

1. *Gulagu.net*, https://gulagu.net, consulté le 25 juin 2022.
2. Svetova Zoïa, « Le système carcéral russe est bâti sur la violence », https://desk-russie.eu/2021/10/22/le-systeme-carceral-russe.html, 22 octobre 2021, consulté le 23 juin 2022.
3. Titaev Kirill, « Pourquoi les forces de l'ordre sont prêtes à la violence et que peut-on y faire ? », *MK*, 17 septembre 2018, consulté le 24 juin 2022, source en russe (Титаев Кирилл, « Почему силовики готовы на насилие и что с этим делать », *MK*, 17 сентябрая 2018 года, https://spb.mk.ru/social/2018/09/17/pochemu-siloviki-gotovy-na-nasilie-i-chto-s-etim-delat.html).
4. *Id.*, « Pour supprimer les tortures, il faut enlever les radiateurs », *Takie Dela*, 4 juillet 2017, consulté le 24 juin 2022, source en russe (Титаев Кирилл, « Чтобы отменить пытки, надо убрать батареи », *Такие Дела*, 7 июля 2017 года, https://takiedela.ru/2017/07/takaya-rossiyareformy/).

de l'homme, l'accès de la société civile à ces institutions est devenu au cours des années de plus en plus difficile, et les associations de défense de prisonniers, tels que « La Russie derrière les barreaux », ont été déclarées « agents de l'étranger » par le pouvoir.

L'armée, même en temps de paix, est, elle aussi, gangrenée par cette violence. La *dedovshchina* ou « pouvoir des anciens », qui désigne la violence des soldats en fin de service sur les jeunes recrues, a été largement documentée dans les années 1990[1]. Dans les années 1990 et 2000, de nombreux conscrits perdaient la vie chaque année, poussés au suicide ou morts des suites de mauvais traitements. Pour la seule année 2008, les chiffres officiels du ministère de la Défense enregistraient plus de 470 morts de conscrits non imputables à des actions armées ; selon les organisations des Mères de soldats, le chiffre réel était au moins le triple[2]. Au cours d'un service militaire qui durait deux ans et se déroulait systématiquement loin du domicile du conscrit, souvent dans des garnisons à l'écart des villes, les jeunes hommes russes s'exposaient à des coups et brimades de la part de soldats plus âgés, à l'extorsion d'argent et au chantage, à des humiliations, à un refus de soins médicaux. Cette violence entre conscrits était systémique et servait d'outil de contrôle

1. Daucé Françoise et Sieca-Kozlowski Elisabeth (dir.), *Dedovshchina in the Post-Soviet Military: Hazing of Russian Army Conscripts in a Comparative Perspective*, Stuttgart, Ibidem-Verlag, 2006.
2. Krasilova Nadezhda, « En un an, plus de soldats sont morts dans les casernes que dans la guerre du Caucase », *Demoscope*, 20 janvier 2009, consulté le 25 juin 2022, source en russe (Красилова Надежда, « За год в казармах солдат погибло в несколько раз больше, чем на кавказской войне », *Демоскоп*, http://www.demo-scope.ru/weekly/2009/0361/gazeta015.php).

dans l'armée, notamment en raison d'un manque de sous-officiers en charge du maintien de la discipline. Privés de tout recours, à une époque où le téléphone portable n'existait pas, les soldats ne disposaient que d'un outil : la lettre à leur famille, le plus souvent à leur mère, pour l'appeler à l'aide. C'est ainsi qu'ont émergé les comités des Mères de soldats[1]. Le fléau des violences n'a pas quitté l'armée russe, même s'il a un peu changé de nature ces dernières années avec le passage du service militaire à une seule année en 2008, et la diffusion d'Internet et des téléphones portables qui brisent l'isolement des soldats. Les violences entre soldats ont baissé en intensité, mais les violences de la part d'officiers, dont un grand nombre est passé par les guerres en Tchétchénie, se sont en revanche multipliées.

Les défenseurs des droits de l'homme ont aussi fréquemment dénoncé des violences récurrentes dans les institutions fermées, orphelinats ou internats pour personnes handicapées. Les conditions matérielles, terribles dans la décennie 1990, se sont améliorées ces dernières années dans ces lieux où on ne manque aujourd'hui ni de draps ni de jouets. En revanche, des rapports et témoignages glaçants décrivent des pensionnaires nourris et maintenus en vie, mais laissés sans soins et attention, attachés ou entravés pour faciliter le travail des équipes, parfois battus[2]. Cette maltraitance est l'effet d'un système hérité de l'époque soviétique qui n'a pas véritablement été réformé, ni investi,

1. Colin Lebedev Anna, *Le Cœur politique des mères. Analyse du mouvement des mères de soldats en Russie*, Paris, Éditions de l'EHESS, 2013.
2. « Abandoned by the State: Violence, Neglect, and Isolation for Children with Disabilities in Russian Orphanages », s.l., Human Rights Watch, 2014.

et où les soignants mal formés sont souvent livrés à eux-mêmes, sans soutien.

Ces dernières décennies, des initiatives privées portées par des activistes ont tenté de changer la donne dans certains domaines. Les soins palliatifs ont ainsi longtemps été un angle mort du système de santé russe, en partie à cause d'une régulation très restrictive des produits opiacés qui décourage les médecins de prescrire des antalgiques, mais aussi à cause de l'indifférence étatique pour la question de la fin de vie et des souffrances physiques qui l'accompagnent. Les premiers centres de soins palliatifs sont nés d'initiatives associatives, financées par des donations et de l'aide internationale. Le bien nommé Premier hospice palliatif de Moscou, fondé par la cancérologue Vera Millionchikova en 1994, n'a été que tardivement intégré dans le système de santé publique. Le centre pour enfants en soins palliatifs « La Maison avec un phare », dirigé par l'activiste Lidia Moniava, continue à fonctionner uniquement grâce à des donations privées, et bataille pour que les enfants puissent avoir une fin de vie dans un cadre moins déshumanisant qu'un service de réanimation d'un hôpital. L'État russe n'est pas hostile à ces initiatives, mais ne s'y intéresse pas.

Ces institutions – la prison, l'armée, les institutions médicalisées – ne sont que les exemples les plus visibles d'une violence érigée en mode de gouvernement. L'État est une institution maltraitante en Russie, surtout dans les régions défavorisées et isolées. Le rapport des citoyens russes au pouvoir s'est construit face à cet État-là, avec lequel il était plus prudent de ne pas avoir affaire. Les Russes plus aisés ou plus débrouillards ont massivement cherché à protéger leurs enfants du service militaire, par tous les moyens à leur disposition. Certains sont allés jusqu'à cacher leur fils pendant plusieurs années, jusqu'à ce qu'il atteigne l'âge de 27 ans et qu'il ne puisse plus être appelé sous les drapeaux. Dans le domaine médical, les Russes qui le pouvaient ont privilégié les cliniques privées où les soins étaient coûteux, et dont les médecins étaient souvent les mêmes qu'à l'hôpital public, juste pour ne pas subir la maltraitance ordinaire des hôpitaux traditionnels. L'essentiel de la population russe ne peut pas se soustraire à la violence des institutions et a fini par s'en accommoder. La mort d'un soldat n'a pas exactement le même poids dans cette société qui voit régulièrement des cercueils traverser les villages.

L'Ukraine a hérité, tout comme la Russie, du système pénitentiaire, policier, psychiatrique, militaire de l'Union soviétique et de sa violence intrinsèque, mais l'a toléré de moins en moins au fur et à mesure des années.

L'affaire de Vradiïvka à l'été 2013 est emblématique de cette évolution. Dans ce village au sud de l'Ukraine, le viol d'une jeune femme par des policiers, mais aussi les tentatives des notables locaux de couvrir les responsables avaient provoqué un soulèvement massif de la population pour protester contre l'impunité des policiers et les dérives des forces de l'ordre. Pendant plusieurs jours, les habitants du village ont manifesté dans les rues, dans une protestation qui prenait parfois la forme d'une confrontation violente avec la police. Le pouvoir a réagi à cette affaire largement médiatisée non pas en réprimant les manifestants, mais en limogeant les responsables haut placés des exactions. Non seulement la population avait exprimé son rejet de la violence exercée par les forces de l'ordre, mais elle avait réussi à faire admettre aux autorités que cette violence n'était plus politiquement acceptable.

Dans bien des domaines, l'État ukrainien garde les stigmates de la violence institutionnelle soviétique. Dans la sphère pénitentiaire, les organisations non gouvernementales du pays comme le Groupe Helsinki, dénoncent, tout comme en Russie, des conditions de détention indignes, mais aussi des pratiques de torture[1]. Le nom de la colonie pénitentiaire n° 77 de Berdyansk a été évoqué à plusieurs reprises au cours de ces dernières années, mais c'est en 2019 que l'ampleur des tortures qui y étaient pratiquées a été rendue publique. Tout comme dans les colonies russes, des actes de violence – coups, humiliations, viols – étaient utilisés comme des outils disciplinaires et comme des moyens de pression sur les détenus. Tout comme en Russie, les autorités carcérales et judiciaires ont cherché à restreindre l'accès à l'information sur ces crimes et à empêcher la poursuite d'investigations. La géographie du territoire ukrainien où, à la différence de la Russie, aucune colonie n'est assez isolée pour opérer à l'écart des regards, a certainement joué un rôle dans la révélation des événements. Mais il existe une autre différence notable entre les deux pays : alors qu'en Russie, le Service fédéral d'exécution des peines est une administration dont tous les contre-pouvoirs ont été neutralisés par le Kremlin, la pression de la société sur l'institution carcérale est importante en Ukraine. Même si l'administration a cherché à tenir la société à l'écart, la pression médiatique et politique, due notamment au fait qu'une des victimes des tortures perpétrées dans la colonie de Berdyansk, était un ancien combattant de la guerre dans le Donbass, a fini par rendre le silence insoutenable. La visite de contrôle du

1. Kharkiv Human Rights Protection Group, « Prisoners' rights in Ukraine 2014-2021: KHPG report », 2021.

camp par une commission composée de politiques et de militants des droits de l'homme au printemps 2021 a pu corroborer les violences par des observations et des témoignages de détenus. La décision a été prise de démanteler la colonie, au profit d'un projet pilote de lieu de détention, ce qui, cependant, n'a pas été fait avant le début de l'agression russe en 2022.

« Sur la scène internationale, on parle de l'Ukraine comme d'un État où les droits des condamnés sont violés à grande échelle », écrit, fin 2021, le député ukrainien Dmytro Lubinets, président de la commission des droits de l'homme du parlement, en critiquant l'inaction du ministère de la Justice. Le problème des droits des détenus est effectivement flagrant. Cependant, la déclaration du député ukrainien montre en miroir à quel point la question des droits de l'homme est appréhendée différemment en Russie et en Ukraine. Une prise de position semblable aurait été possible dans la Russie des années 1990. Elle l'est moins dans les années Poutine où la réputation du pays sur la scène internationale n'est pas toujours un argument recevable par le pouvoir. L'État russe a déclaré indésirable le soutien politique et matériel international, stigmatisant même toutes les collaborations des ONG avec les fondations étrangères en leur accolant l'étiquette infamante d'« agent de l'étranger ». Dans le discours du Kremlin, il s'agit de se prémunir de l'action néfaste de ceux qui, sous couvert de solidarité internationale et de défense des droits, placent leurs agents d'influence au cœur de la société russe. Le soutien étranger a été remplacé par des programmes de financement locaux pour les acteurs loyaux pour assurer, aux dires du pouvoir, la souveraineté de la Russie. Dans les faits, cette fermeture a conduit à une opacité accrue du système, hermétique au regard extérieur, insensible aux références des normes internationales.

L'image du pays sur la scène internationale compte en revanche dans la politique ukrainienne. Cette ouverture au regard étranger est un garde-fou permanent pour un pays qui a de grandes difficultés à se réformer, mais a besoin du soutien de la communauté internationale. La ratification par l'Ukraine en juin 2022, en pleine guerre, de la Convention d'Istanbul sur la prévention et la lutte contre la violence à l'égard des femmes et la violence domestique, témoigne de cette volonté de s'aligner sur des normes exigeantes de respect des droits de l'homme. Certes, nombre de réformes conduites en Ukraine n'ont pas obtenu les résultats escomptés. La réforme vitrine de la police de 2015, par laquelle l'État cherchait à transformer profondément les forces de l'ordre, s'est enlisée après un démarrage en fanfare. La réforme ukrainienne des orphelinats, visant à les démanteler au profit de structures d'accueil familiales, est confrontée à de multiples blocages[1]. La résistance du terrain est importante, et la corruption n'est pas la moindre de ses composantes. Cependant, la violence des institutions a cessé d'être une norme, y compris pour l'État.

1. Tucker Maxim, « What does the future hold for Ukraine's children in care? », https://www.opendemocracy.net/en/odr/ukraine-s-unwanted-orphans/, 18 janvier 2017, consulté le 25 juin 2022.

TROISIÈME PARTIE

Un même horizon ?

Chapitre 8

Maïdan, aux sources de l'incompréhension

Russes et Ukrainiens continuent à vivre côte à côte, mais ils se connaissent de moins en moins. La circulation des populations entre les deux pays était toujours importante à la veille de l'annexion de la Crimée par la Russie en 2014. Les Ukrainiens partaient notamment régulièrement en Russie pour les études ou le travail, avec souvent la volonté de s'y installer durablement. De nombreuses familles ukrainiennes ont une branche en Russie, avec laquelle les liens se sont distendus petit à petit. « Ils pensent comme des Russes », disent souvent des Ukrainiens de leurs cousins établis de l'autre côté de la frontière. « Ils ont perdu tout sens des réalités à cause de leur propagande », se plaignent les Russes en retour. Les citoyens de Russie représentaient 40 % du flux total des étrangers entrant en Ukraine en 2013[1]. Parmi ceux-là, les trois quarts venaient pour rendre visite à des proches. Les Ukrainiens, quant à eux, formaient au même moment un dixième des étrangers pénétrant sur le territoire

1. Statistiques officielles ukrainiennes, « Foreign Citizens Who Visited Ukraine by Countries », http://www.ukrstat.gov.ua/operativ/operativ2007/tyr/tyr_e/arh_vig_e.html, consulté le 8 juin 2022.

russe[1]. Finalement, cette circulation ne concernait qu'une minorité des habitants des deux pays : deux tiers des Ukrainiens n'avaient jamais mis les pieds dans un autre pays de l'ancienne Union soviétique depuis sa dissolution[2], et la situation était probablement la même côté russe. La langue partagée, la mixité des familles, la ressemblance de styles de vie, mais aussi un régime de circulation sans visa ont entretenu cette impression de sociétés proches.

La distance entre Russes et Ukrainiens s'est accentuée à partir de cet hiver 2013-2014 où les Ukrainiens sont une fois de plus sortis sur la place publique pour s'opposer à leur pouvoir politique[3]. En novembre 2013, le président Viktor Ianoukovitch, élu quatre ans auparavant, a pris la décision inattendue de ne pas signer l'accord d'association entre l'Ukraine et l'Union européenne qui était en négociation depuis plusieurs années. Derrière ce revirement, on comprenait qu'une contre-proposition d'accord de partenariat avait été faite à Kyiv par Moscou, accompagnée d'une pression

1. « Nombre et migration de la population de la Fédération de Russie », Service fédéral des statistiques de l'État russe, consulté le 8 juin 2022, source en russe (« Численность и миграция населения Российской Федерации », Росстат, https://rosstat.gov.ru/compendium/document/13283).
2. Enquête d'opinion publique de la fondation « Initiatives démocratiques Ilka Kucherov », « L'attitude de la société vis-à-vis de l'intégration européenne de l'Ukraine », 27 juin 2013, consulté le 8 juin 2022, source en ukrainien (Фонд « Демократичні ініціативи ім. Ілька Кучеріва », *Ставлення громадськості до європейської інтеграції України*, https://dif.org.ua/article/stavlennya-gromadskosti-do-evropeyskoi-integratsii-ukraini).
3. Sur la révolution du Maïdan de 2013-2014, voir Shukan Ioulia, *Génération Maïdan. Vivre la crise ukrainienne*, La Tour-d'Aigue, Éditions de l'Aube, 2016, nouvelle éd. 2022.

considérable de Poutine sur Ianoukovitch, mais aussi d'une promesse de crédit de 15 milliards de dollars. L'étiquette « prorusse » collait au président Ianoukovitch depuis le début de sa carrière politique. Ancien gouverneur de la région de Donetsk, élu président avec une majorité relative de 48 % des voix piochées surtout à l'est et au sud du pays, Ianoukovitch était critiqué pour ses tendances à la corruption et sa soumission à Moscou, et moqué pour son côté rustre et les fautes de langue qu'il faisait aussi bien en russe qu'en ukrainien.

Le rejet de l'accord d'association n'était pas un arbitrage politique de plus ; c'était un choix d'avenir pour le pays, sur une question qui divisait les Ukrainiens. En 2013, ils étaient plus de 40 % à soutenir une politique d'intégration dans l'Union européenne, mais plus de 30 % à vouloir rejoindre l'alliance créée autour de la Russie, l'Union douanière Russie-Kazakhstan-Biélorussie[1]. Les habitants des régions occidentales et centrales de l'Ukraine, ainsi que les Ukrainiens les plus jeunes, étaient ceux qui étaient le plus massivement en faveur du rapprochement avec l'Europe. C'est d'eux qu'est venue l'initiative de se réunir sur la place de l'Indépendance de Kyiv avec des drapeaux européens pour exiger la signature de l'accord avec l'Union européenne. L'Europe qu'ils désiraient n'était pas celle des maillages législatifs ou des labyrinthes institutionnels, mais l'Europe des promesses : de l'ouverture, de l'État de droit, de la prospérité. Les protestataires, surtout des jeunes, ont installé les premières tentes

1. Enquête de la Fondation « Initiatives démocratiques Ilko Kucheriv », « Attitude de la société vis-à-vis de l'intégration européenne de l'Ukraine », 27 juin 2013, consulté le 8 juin 2022, source en ukrainien (Фонд « Демократичні ініціативи ім. Ілька Кучеріва », « Ставлення громадськості до європейської інтеграції України », 27 червня 2013, https://dif.org.ua/article/stavlennya-gromadskosti-do-evropeyskoi-integratsii-ukraini).

sur la place dès le 24 novembre 2013. Dans la nuit du 29 au 30 novembre, les forces de l'ordre sont intervenues pour déloger les manifestants, en rouant de coups ceux qui refusaient de bouger. Cette violence dirigée contre de jeunes gens, très inhabituelle en Ukraine où le droit de manifester est le plus souvent respecté, a provoqué une onde de choc. Dès le lendemain, malgré une volonté d'apaisement du pouvoir, la protestation a commencé à gonfler, avec une revendication nouvelle : le départ du président Ianoukovitch. Le nom de « Révolution de la dignité » que les Ukrainiens ont donné *a posteriori* à cette mobilisation témoigne de leur attachement à un certain rapport au pouvoir que le président a bafoué. Il leur était inacceptable que ce président fasse un choix autoritaire qui impulsait un virage à 180° au pays, mais il était tout aussi inacceptable qu'il use de la violence policière pour faire taire ceux qui contestaient ce choix. Alors que les températures descendaient déjà en dessous de zéro – nous étions juste avant l'hiver –, la protestation s'est installée. À Kyiv, le 1er décembre, des centaines de milliers de personnes ont participé au premier grand rassemblement. Ils étaient des milliers dans les grandes villes de l'Ouest, des centaines dans les grandes villes du Sud et de l'Est. Très peu de manifestants venaient à l'appel des partis ou des forces politiques. En revanche, beaucoup se sont rattachés à des communautés symboliques qui se matérialisaient sur la place sous forme de tentes qui tenaient lieu de QG : la tente des habitants de Lviv ou de Tchernihiv ; celle des vétérans de la guerre soviétique en Afghanistan ; la tente de prière chrétienne interconfessionnelle ouverte par des religieux pour ceux qui avaient besoin de se recueillir. À Kyiv, des volontaires se sont organisés pour cuisiner, improviser des braseros, installer des banderoles, aménager l'espace. Les semaines passaient ; les protestataires ne bougeaient pas. Dans la semaine, la place était surtout occupée par les activistes à qui leur profession permettait de s'absenter. On y trouvait aussi pas mal de travailleurs saisonniers, en congé dans ces mois froids de l'hiver. En fin d'après-midi et surtout le week-end, des cols blancs rejoignaient la mobilisation pour de grands rassemblements où orateurs et artistes se succédaient sur la scène centrale, avec des mots d'ordre partagés : chasser le pouvoir corrompu, choisir une voie d'évolution du pays tournée vers l'Europe. Dans la foule, on entendait parler russe tout autant qu'ukrainien : la cité protestataire était bilingue comme l'était le reste du pays.

Pour les Ukrainiens qui ont participé à ces moments, le Maïdan hivernal a été un grand moment d'action civique, où la population s'est rassemblée autour d'une conviction commune, mais aussi un grand moment d'émotion et de partage. La chercheuse Ioulia Shukan, qui a étudié de près le fonctionnement de la cité protestataire, explique très bien, dans son livre *Génération Maïdan*, le cheminement personnel des Ukrainiens passés de simples observateurs à acteurs du mouvement, après avoir été happés par l'énergie collective qui se dégageait de la place[1]. Kyiv n'était pas le seul lieu de la mobilisation, mais il rassemblait des manifestants venus de tout le pays, et Maïdan était la place sur laquelle les regards étaient braqués cet hiver-là, avec admiration et envie, mais aussi peur ou incrédulité.

Vue de Russie, la mobilisation kiévienne a suscité des réactions très diverses. Les Russes qui avaient participé aux grandes manifestations moscovites de la place Bolotnaya

1. Shukan Ioulia, *Génération Maïdan : aux origines de la résistance ukrainienne*, *op. cit.*

en 2011-2012 y retrouvaient la même énergie et la même créativité qui les avait portés dans leur propre contestation du pouvoir suite aux falsifications électorales. Les deux leaders ciblés par la protestation, Vladimir Poutine et Viktor Ianoukovitch, étaient non seulement alliés, porteurs d'un certain nombre de valeurs politiques communes, mais ils partageaient aussi ce style politique propre aux apparatchiks formés à l'époque de l'URSS.

Le pouvoir russe voyait également un lien de parenté entre les deux manifestations. « Les événements [...] à Moscou en mai 2012 ont été une répétition de Maïdan. Si les autorités russes n'avaient pas été fermes, la Russie aurait pu entamer le même processus que l'Ukraine[1] », a déclaré un peu plus tard Alexandre Bastrykine, haut dignitaire du pouvoir, à la tête du puissant Comité d'enquête de la Fédération de Russie. Derrière ces mots, il y a l'idée partagée par l'ensemble de la classe politique au pouvoir selon laquelle toutes les protestations visant à destituer le pouvoir en place, que ce soit en Russie ou en Ukraine, sont organisées et financées de l'extérieur, dans un but d'affaiblissement de la Russie. C'est même devenu le credo du pouvoir russe. Le 11 décembre 2013, lorsque la secrétaire d'État adjointe américaine, Victoria Nuland, rendit visite aux protestataires sur le Maïdan en apportant des encas aux manifestants. La Russie dénonça immédiatement ce déplacement, y voyant la mainmise des États-Unis sur des marionnettes ukrainiennes entièrement à sa solde. « Nuland a nourri le "Maïdan" ukrainien avec des

1. Interfax, « Bastrykine a appelé les événements sur la place Bolotnaya une répétition du Maïdan », 9 décembre 2015, consulté le 8 juin 2022, source en russe (Интерфакс, « Бастрыкин назвал события на Болотной площади репетицией "Майдана" », https://www.interfax.ru/russia/484068).

friandises du département d'État. Celles qui avait été laissées par les manifestants de Moscou ? », titrait dans la foulée le quotidien russe *Komsomolskaia Pravda*[1]. L'expression « friandises du département d'État » est vite rentrée dans le langage des médias russes et des politiques pour désigner les prétendues rétributions versées par les services spéciaux américains aux personnes prêtes à œuvrer à l'affaiblissement de la Russie.

Le Maïdan était-il antirusse ? Il est certain que le régime politique russe était dénoncé par les protestataires : en tant qu'allié du président dont ils demandaient le départ, en tant que modèle autoritaire, mais aussi en tant que mode d'organisation politique inacceptable. Le rejet était celui d'un régime, pas de la population : près de 80 % des Ukrainiens éprouvaient de la sympathie pour les Russes à cette période-là[2].

La mobilisation des Ukrainiens a été insupportable au pouvoir russe dès les premiers jours, quand les drapeaux étoilés de l'Union européenne avaient été brandis sur la place. L'attractivité de l'Europe pour les Ukrainiens démontrait, par un effet miroir, l'échec du *soft power* russe et du projet Monde russe. En dépit de l'histoire commune, en dépit d'une langue partagée, de relations économiques étroites et

1. Grichine Alexandre, « Voici mon "biscuit" », *Komsomolskaïa Pravda*, 11 décembre 2013, consulté le 17 juin 2022, source en russe (Гришин Александр, « Вот моя "печенька" ! », *Комсомольская правда*, 11 декабря 2013 года, https://www.kp.ru/daily/26170/3057436/).
2. Paniotto Volodymyr, « Comment s'est modifiée l'attitude de la population ukrainienne vis-à-vis de la Russie et de la population russe vis-à-vis de l'Ukraine d'avril 2008 à mai 2016 », Institut international de sociologie de Kyiv, 22 juin 2016, consulté le 9 juin 2022, source en ukrainien (Паніотто Володимир, « Як змінювалося ставлення населення України до Росії та населення Росії до України з квітня 2008 до травня 2016 », Київський міжнародний інститут соціології, 22 червня 2016 р., https://www.kiis.com.ua/?lang=ukr&-cat=reports&id=632&page=1).

d'accords tarifaires préférentiels, en dépit des mélanges entre les deux peuples et de l'élection d'un président loyal à la Russie, l'Ukraine semblait s'éloigner, inexorablement. Moscou savait contrôler les élites politiques, utiliser les leviers de pression économique, jouer la carotte et le bâton, mais la détermination des Ukrainiens en 2014 montrait clairement que la Russie n'avait pas su rendre son modèle attractif, surtout auprès des jeunes générations qui étaient plus de 54 % à souhaiter l'adhésion de l'Ukraine à l'Union européenne en 2012. La mobilisation ukrainienne de 2014 était aussi, d'une certaine manière, une victoire normative de l'Union européenne en tant que projet et en tant que socle de valeurs. En apparence, le Kremlin déniait à l'Union européenne toute existence politique dans les événements du Maïdan : Vladimir Poutine ne s'adressait qu'aux chefs d'États, seules entités douées dans sa vision d'une identité politique. Les marionnettistes désignés du Maïdan étaient les Américains, les Allemands ou les Français, mais l'Europe était laissée de côté comme insignifiante, en dépit des drapeaux européens qui flottaient sur la manifestation. Ce déni était en réalité un marqueur fort : le pouvoir russe savait répondre à la menace militaire par la démonstration de force militaire, à la pression politique par la manipulation politique, aux leviers économiques par les incitations économiques, mais il ne savait pas quoi opposer à l'attractivité d'un modèle de société. Se dire que les protestataires n'étaient là que pour les « friandises » était, pour le pouvoir russe, une manière de donner un sens, de ramener dans des catégories familières une faille inacceptable, impossible à admettre, de la politique russe.

Le pouvoir russe a interprété à sa manière ce qui se passait sur le Maïdan, mais il a également œuvré à ce que la population russe, tout comme une partie de la population ukrainienne, rejette cette révolution. La force et la fragilité de la mobilisation de 2013-2014 résidaient dans sa diversité. Toutes les sensibilités politiques n'étaient pas les bienvenues sur le Maïdan, et, parmi les exclus, figuraient les mouvements prorusses et les mouvements d'extrême gauche dont l'agenda antilibéral collait mal avec les postures pro-Union européenne[1]. En revanche, toutes les forces politiques étaient accueillies les bras ouverts dans la protestation, à partir du moment où elles se reconnaissaient dans l'objectif du départ du président Ianoukovitch et du rapprochement avec l'Union européenne. Cependant, tous ne l'ont pas fait avec la même conception de l'Ukraine, ni avec les mêmes symboles, et certains groupes étaient plus visibles que d'autres. 92 % des protestataires rassemblés à Kyiv dans les premières semaines n'appartenaient à aucun parti, groupe politique ou ONG[2], et les médias ont, le plus souvent, rendu compte de la nature spontanée de l'engagement des Ukrainiens dans la révolution. Parmi les quelques groupes identifiables sur la place, ce sont incontestablement les groupes ultranationalistes, très repérables grâce à la présence de drapeaux spécifiques, qui ont bénéficié de la couverture médiatique la plus abondante. Le drapeau bleu clair du parti d'extrême droite Svoboda qui avait obtenu 10 % des voix aux élections parlementaires de 2012, et, surtout, l'ancien drapeau du mouvement nationaliste OUN-UPA ont vite attiré l'œil des caméras. Le drapeau

1. Ishchenko Volodymyr, « The Ukrainian Left during and after the Maidan Protests », GUE/NGL, 2016.
2. Ilko Kucheriv Democratic Initiatives Foundation, « Maidan-2013 », https://dif.org.ua/en/article/maidan-2013, 10 décembre 2013, consulté le 20 juin 2022.

de Svoboda, inconnu en dehors de l'Ukraine, ne pouvait susciter de l'émotion que localement. En revanche, le drapeau rouge et noir de l'OUN-UPA, et surtout le portrait de Stepan Bandera utilisé par un nouveau groupe ultranationaliste, Secteur droit, sont devenus des chiffons rouges pour les médias et la population, en Russie, mais aussi à l'est de l'Ukraine.

Sur le Maïdan, les portraits de Bandera étaient loin de faire l'unanimité. Cependant, la liberté d'expression a été jugée prioritaire, et on a laissé chacun arborer les symboles qui étaient les siens. Affiché vers le 15 janvier, le premier grand portrait de Bandera, bien en vue sur un bâtiment administratif central, n'est resté accroché que quelques jours, avant d'être remplacé par celui, plus consensuel, du poète national Taras Chevtchenko. C'est seulement après les premiers affrontements meurtriers fin janvier 2014 que la référence à Bandera est devenue plus présente. On s'est mis à entendre sur la scène centrale le slogan qui avait été celui du mouvement nationaliste historique : « Gloire à l'Ukraine, gloire aux héros ». Certains manifestants le reprenaient, alors que d'autres faisaient la moue. Les références nationalistes, affirme le chercheur Serhy Yekelchyk, ont fini par être investies d'un nouveau sens à mesure que la mobilisation avançait. De plus en plus d'Ukrainiens ont accepté la mise en avant de Stepan Bandera en tant que figure de résistance à l'oppression, plutôt qu'en tant que dirigeant d'un mouvement extrémiste ; de plus en plus d'entre eux ont réinterprété le slogan nationaliste comme un mot d'ordre patriotique contre un État russe hostile à l'Ukraine[1], plutôt que comme une invitation à prendre les armes. L'urgence de la mobilisation a été

1. Yekelchyk Serhy, *Ukraine: What Everyone Needs to Know*, Oxford, Oxford University Press, 2020.

peu propice à la nuance ou à la contextualisation historique, d'autant que le climat devenait de plus en plus tendu. Dès le mois de janvier, la confrontation avec les forces de l'ordre s'est intensifiée, et les militants nationalistes se sont révélés des combattants résolus dans ce qui ressemblait de plus en plus à une guérilla urbaine. Un mois plus tard, en février, à l'issue de plusieurs journées d'affrontements dans le centre de Kyiv au cours desquelles plus de soixante-dix manifestants ont perdu la vie, Viktor Ianoukovitch a quitté l'Ukraine pour se réfugier en Russie. Le Maïdan avait installé un nouveau président par intérim et bénéficiait du soutien des parlementaires, mais une autre épreuve était en train de se préparer, dans laquelle la Russie allait jouer un rôle central.

Du côté des médias russes loyaux au pouvoir, et notamment à la télévision, la nuance n'était pas non plus de mise pour parler des événements ukrainiens. Une campagne majeure de formatage de l'opinion publique russe s'est mise en place dès le début de la mobilisation à Kyiv.

Dans les premières semaines de la protestation, analyse le sociologue Lev Gudkov[1], chercheur du centre Levada, indépendant du pouvoir, les Russes se sentaient peu concernés par les dynamiques politiques en cours dans l'Ukraine voisine. Moins d'un tiers considérait en novembre 2013 que le rapprochement de l'Ukraine avec l'Union européenne était une trahison vis-à-vis de la Russie. À partir du mois de décembre, le public russe a plutôt adhéré à la vision du Maïdan comme une manipulation occidentale qui aurait chauffé les opinions

1. Goudkov Lev, « Seulement 36 % des Russes sentent le danger du bain de sang qui approche », *Novaya Gazeta*, 15 mars 2014, source en russe (Гудков Лев, « Лишь 36 % россиян чувствуют опасность приближающегося кровопролития », *Новая Газета*, 15 марта 2014 года).

publiques ukrainiennes, mais pensait toujours qu'il s'agissait après tout d'affaires intérieures à l'Ukraine. Jusqu'à la mi-février 2014, entre 65 et 75 % des Russes considéraient que leur pays devrait garder ses distances et laisser les Ukrainiens gérer leurs propres problèmes[1], d'autant que les problèmes internes ne manquaient pas dans le pays, avec plus d'un Russe sur dix vivant sous le seuil de pauvreté, une corruption galopante et une croissance économique ralentie.

C'est à partir de la mi-février, lorsque la confrontation du pouvoir avec les manifestants a commencé à menacer sérieusement le pouvoir ukrainien, qu'une campagne de propagande sans précédent s'est mise en place en Russie, avec deux messages centraux. Le premier visait à discréditer la mobilisation. Le portrait de Bandera et les drapeaux nationalistes ont été distillés comme des gouttes de poison qui, même minuscules, faisaient leur effet : si Bandera était visible sur la place publique, toute la place était ultranationaliste, donc extrémiste, voire néonazie. Le manque de connaissance des Russes sur l'histoire de la Seconde Guerre mondiale dans cette région a facilité la tâche des propagandistes. Pour un Russe ordinaire, Stepan Bandera n'était pas plus qu'un nom cité dans les manuels scolaires, un épouvantail aligné aux côtés d'autres méchants de l'histoire soviétique. Le matraquage médiatique a fait remonter ce nom à la surface, établissant un parallèle entre le Bandera allié avec les nazis au début des années 1940, et les protestataires du Maïdan en 2014. Lorsque le centre d'opinion publique contrôlé par le pouvoir VTsIOM posait la question aux Russes fin mars 2014, alors que la propagande tournait à plein depuis deux mois : « Savez-vous

1. Goudkov Lev, « Seulement 36 % des Russes sentent le danger du bain de sang qui approche », art. cité.

quelque chose des bandéristes ? », 40 % répondaient qu'ils voyaient bien de qui il s'agissait, et 48 % en avaient vaguement entendu parler. Les 18-24 ans, moins influencés par la télévision, n'étaient que 17 % à déclarer avoir des connaissances sur Bandera, et 56 % le situaient dans les grandes lignes. Quand on interrogeait les Russes sur ce qu'étaient les bandéristes contemporains, 91 % étaient d'accord avec l'affirmation : « C'est un mouvement quasi-fasciste, ils terrorisent les Russes, les Juifs et les représentants des autres nationalités en Ukraine[1]. » Certains Russes ont d'ailleurs fait des confusions cocasses et parlaient de « bendéristes » avec un « e », en référence, non à Bandera, mais à Ostap Bender, personnage littéraire comique aux origines floues mais venant possiblement d'Odessa, un voyou sympathique de la littérature soviétique[2]. Après tout, dans les deux cas, il s'agissait de caricatures plus que de personnages réels. La mayonnaise du discrédit a donc pris très vite, nourrie par la vision binaire de l'histoire où la Russie était incontestablement du côté du bien.

La stratégie de la goutte de poison marchait aussi relativement bien auprès du public occidental, particulièrement sensible aux références d'extrême droite, mais aussi nourri d'idées sur la collaboration des Ukrainiens avec les nazis, et porteur d'un *a priori* négatif sur une société ukrainienne perçue comme profondément antisémite. Bien plus grave, elle rencontrait aussi un certain succès à l'est et au sud de

1. Enquête du VTsIOM, « Bandera et les banderites, hier et aujourd'hui », 31 mars 2014, consulté le 9 juin 2022, source en russe (ВЦИОМ, « Бандера и бандеровцы : вчера и сегодня », https://wciom.ru/analytical-reviews/analiticheskii-obzor/bandera-i-banderovczy-vchera-i-segodnya, 31 марта 2014 года).
2. Le personnage apparaît dans deux romans : Ilf Ilya et Petrov Evgenij, *Les Douze Chaises*, Paris, GINKGO, 2020 ; *Le Veau d'or*, Paris, GINKGO, 2021.

l'Ukraine où la télévision russe était regardée trois fois plus que dans d'autres régions du pays[1]. Vue de Kyiv, la mobilisation du Maïdan était enthousiasmante. De nombreux Ukrainiens racontaient que leur méfiance et leur distance initiales avaient finalement été balayées par l'énergie et le sentiment de faire partie d'une communauté qui se dégageait de la mobilisation. Les médias ukrainiens nationaux et les réseaux sociaux, favorables à la protestation, contribuaient aussi à créer une image positive et enjouée du Maïdan. Mais, parmi les Ukrainiens qui suivaient la protestation de loin, surtout ceux qui la voyaient à travers les yeux de la télévision russe, le Maïdan était inquiétant, notamment à partir du moment où une confrontation violente avec le pouvoir s'était mise en place. À ces spectateurs-là, la mobilisation kiévienne avait tout l'air d'un rassemblement de gens de l'Ouest, plutôt radicaux, qui ne partageaient ni exactement la même histoire, ni les mêmes préoccupations que les Ukrainiens de l'Est, et, en particulier, ceux du Donbass.

Les années postsoviétiques ont touché de plein fouet le Donbass, autrefois puissant bastion industriel et minier, producteur de richesses face à une Ukraine de l'Ouest plus rurale. Alors que son économie s'est désindustrialisée et que sa croissance était parmi les plus basses de l'Ukraine, alors que les salaires demeuraient par ailleurs plus élevés qu'en moyenne dans le pays, le Donbass restait attaché au mythe – sans fondement économique – de la « région qui nourrit

1. Enquête citée dans Osipian Alexandr, « Historical Myths, Enemy Images and Regional Identity in the Donbass Insurgency (Spring 2014) », *Journal of Soviet and Post-Soviet Politics and Society*, n° 1, vol. 1, 1er janvier 2015, p. 109-140.

l'Ukraine entière[1] ». L'amertume et la vexation rendirent ses habitants particulièrement sensibles aux messages envoyés par le voisin russe.

Or, la propagande russe a progressivement appuyé sur un second levier, en soulignant le risque prétendument encouru par les russophones d'Ukraine. C'est surtout à la fin du mois de février 2014 que ce discours est devenu dominant dans les médias russes, alors que le président Ianoukovitch avait pris la fuite face à la contestation grandissante. L'abrogation avortée de la loi sur les langues régionales le 23 février 2014 semblait d'ailleurs donner raison à la Russie. Cherchant à se débarrasser au plus vite de l'héritage du président fugitif, le parlement ukrainien avait voté en urgence l'abrogation de cette loi symbole qui donnait aux langues minoritaires, dont le russe, un statut officiel. Immédiatement, des acteurs politiques majeurs du Maïdan, tels que le futur maire de Kyiv, Vitali Klitschko, avaient déclaré que ce vote était une erreur, et la loi d'abrogation n'a jamais été promulguée par le président par intérim Oleksandr Tourtchinov, ni par son successeur élu Petro Porochenko. La loi sur les langues régionales était restée en vigueur, mais, symboliquement, le mal était fait, et le pouvoir russe ne s'est pas privé de répéter à l'envi aux populations du Donbass que Kyiv voulait leur interdire de parler leur langue, jusqu'à laisser entendre : « Kyiv veut vous exterminer. »

Dès le mois de février, le groupe nationaliste Secteur droit – qui comptait, selon les estimations de chercheurs, environ

1. Mykhnenko Vlad, « Causes and Consequences of the War in Eastern Ukraine: An Economic Geography Perspective », *Europe-Asia Studies*, n° 3, vol. 72, 15 mars 2020, p. 528-560.

300 membres sur le Maïdan[1] – est devenu la cible principale des médias russes. Entre février et avril, l'expression « Secteur droit » a été l'item le plus fréquemment cité par les journaux télévisés russes pour parler d'Ukraine[2]. Ce groupe, pourtant peu nombreux comparé aux centaines de milliers de manifestants, était présenté comme le cœur armé et extrémiste du Maïdan, puis du nouveau pouvoir à Kyiv après la chute de Ianoukovitch. Les médias russes ont multiplié les images de combattants cagoulés et armés de battes de baseball, accompagnées de cet avertissement : ils sont en train de se diriger vers l'est et le sud pour tuer les russophones. Des rumeurs de bus remplis de commandos ou de trains affrétés spécialement par Secteur droit se sont multipliées sur les réseaux sociaux, donnant aux habitants de ces régions l'impression d'un danger imminent. Des semaines ont passé, mais les bus et les trains ne sont jamais arrivés. Quelque temps plus tard, des attaques dans l'est du pays ont été attribuées à Secteur droit, en se fondant sur des preuves fabriquées sommairement : une carte de visite du leader du mouvement laissée sur les lieux, accompagnée d'une arme allemande de la Seconde Guerre mondiale.

Aussi grossière soit-elle, cette désinformation a porté dans l'est de l'Ukraine : trois quarts des habitants de la région de Donetsk considéraient en avril 2014 que Secteur droit était une force armée puissante qui représentait une menace

1. Shekhovtsov Anton et Umland Andreas, « Ukraine's Radical Right », *Journal of Democracy*, n° 3, vol. 25, 2014, p. 58-63.
2. « Plus une junte ni un commando punitif », *RBC*, 2 juillet 2014, consulté le 10 juillet 2022, source en russe (« Уже не хунта и не каратели », *РБК*, 2 июля 2014 года, https://www.rbc.ru/society/02/07/2014/56be55cf9a7947299f72ce11).

considérable pour les habitants du pays[1]. La désinformation pratiquée par les médias russes dès l'hiver 2013 a volontairement ouvert, sur un terrain fragile, une fracture à l'intérieur de l'Ukraine, qui n'a fait que s'approfondir au fur et à mesure de la guerre.

Le basculement le plus frappant du côté de la population russe a été le fait que des événements qui se déroulent en Ukraine, État voisin néanmoins étranger, sont devenus une problématique interne à la Russie. Parce que l'éloignement de Kyiv était insupportable à Moscou, le pouvoir russe a façonné les opinions, afin de faire de l'Ukraine un enjeu central de la politique russe, à grand renfort de manipulation médiatique. C'est l'annexion de la Crimée qui a constitué le moment charnière qui a vu l'incompréhension entre les populations russe et ukrainienne se muer en rupture entre les deux sociétés.

1. Enquête de l'Institut international de sociologie de Kyiv, « Opinions et visions des habitants des régions sud et est de l'Ukraine, avril 2014 », 20 avril 2014, consulté le 20 juin 2022, source en ukrainien (Київський міжнародний інститут соціології, « Думки та погляди жителів Південно-Східних областей України : квітень 2014 », 20 квітня 2014, (https://kiis.com.ua/?lang=rus&cat=reports&id=302).

CHAPITRE 9

L'annexion de la Crimée, point de rupture

« Je suis sans doute la dernière génération à vous appeler “frères”, parce que nous avons combattu ensemble. Ensuite, ce sera fini. » Nous étions en février 2015 à Kyiv. Mon interlocuteur, Dmitry, avait un peu moins de 50 ans, et il était combattant d'un bataillon de volontaires engagé dans le Donbass, mais aussi chef d'entreprise dans la vie civile et vétéran de la guerre que l'Union soviétique avait conduite en Afghanistan entre 1979 et 1989. De retour de l'Est, il était de passage à Kyiv pour soigner quelques vieilles douleurs réveillées par le front. Ce qu'il me racontait, c'était une conversation de 2014 avec ses camarades russes vétérans avec qui il gardait un lien fort, soudé par l'expérience commune en Afghanistan[1]. « Je lui explique : “On n'est pas contre vous. Vous êtes des frères. Le 11 février [2014 lors de la dernière rencontre], vous étiez encore mes frères. Et puis vous êtes allés en Crimée.” » L'annexion de la péninsule par la Russie a été pour Dmitry, comme pour beaucoup d'autres

1. Colin Lebedev Anna, « D'une guerre à l'autre. Les vétérans d'Afghanistan dans le conflit armé dans le Donbass », *Revue d'études comparatives Est-Ouest*, nº 2, vol. 2, 2018, p. 65-92.

Ukrainiens, un point de rupture. Il ne nie pas les sympathies prorusses des habitants de la péninsule, mais la violence de la méthode a été pour lui une humiliation personnelle. « Je leur dis : “S’ils [les Criméens] le veulent, ok. Mais pourquoi vous prenez [la Crimée] comme des barbares : vous êtes venus, vous l’avez prise. Vous m’avez humilié. Si vous m’aviez dit : “Donne-la moi”, je vous l’aurais donnée. Parce que je connais la situation, j’ai beaucoup d’amis en Crimée, ils ont toujours été prorusses. [...] Faites un référendum honnête.”[1] »

En 2015, Dmitry et ses anciens camarades russes se sont presque retrouvés des deux côtés de la ligne de front. Presque, parce que ces Russes qu’il connaissait ne savaient pas et ne croyaient pas que leur armée était engagée contre l’Ukraine dans les combats du Donbass. Dmitry, qui était sur le front, avait essayé de les en convaincre, en leur montrant par exemple sur Zoom un casque de l’armée russe trouvé sur le champ de bataille ; sans succès.

Quand je lui ai demandé s’il pensait réussir à garder le contact avec ces camarades, Dmitry a pris un moment de réflexion : « S’ils ne viennent pas nous combattre ici, je pense que ça va tenir. »

Dans les dix derniers jours du mois de février 2014, alors que Kyiv plongeait dans les affrontements meurtriers entre les manifestants et les forces de l’ordre et que le président Ianoukovitch s’apprêtait à fuir le pays, le pouvoir russe a commencé une opération d’annexion de la Crimée. Des forces

1. Entretien conduit dans le cadre du projet « Témoignages de guerres dans les aires soviétiques et post-soviétiques. Regards croisés : Afghanistan (1979-1989)/Tchétchénie (1994-2009) », février 2015.

armées russes vêtues d'uniforme sans insignes ont débarqué dans la péninsule. Le parlement régional a été occupé par des hommes en armes représentant prétendument une unité d'auto-défense locale. Les députés locaux ont élu, sous pression, Sergueï Axionov, leader du parti local « Unité russe », à la tête du Conseil des ministres de la Crimée. Dans la foulée, les députés ont voté la décision de conduire un référendum sur l'indépendance de la république. Le contrôle a été pris sur les garnisons ukrainiennes, les bases aériennes militaires et l'aéroport. Des renforts armés se sont massés à proximité des côtes. Le scrutin, irrégulier au regard du droit ukrainien, a cependant eu lieu le 16 mars, sous la surveillance des forces armées russes sans insigne et dans un climat de pression des prorusses. Les résultats ont montré un vote massif en faveur d'une sécession de l'Ukraine et d'une demande de rattachement à la Russie. Le 18 mars 2014, un accord entre la Russie et les autorités autoproclamées de la Crimée a entériné le rattachement de la péninsule à la Fédération de Russie. L'opération s'est déroulée sans accroc pour les forces armées russes, et sans effusions de sang.

La Crimée est un territoire à part, avec un passé très particulier. Le discours du Kremlin sur une Crimée historiquement russe met en avant une partie de ce passé et en occulte une autre[1]. Terre méridionale au croisement des flux de population, la Crimée a été sous contrôle des Grecs, des Vénitiens, de l'Empire turco-mongol, puis de l'Empire russe à la fin du XVIIIe siècle, enfin de l'Union soviétique puis de l'Ukraine indépendante au XXe siècle, chacune de ces périodes laissant une trace démographique et culturelle

1. Goujon Alexandra, *L'Ukraine, de l'indépendance à la guerre*, Paris, Le Cavalier Bleu, 2021, « La Crimée a toujours été russe », p. 83-89.

dans la péninsule. Les Russes sont installés en Crimée depuis la fin du XVIIIe siècle, mais n'y étaient majoritaires que depuis la fin de la Seconde Guerre mondiale. Les répressions staliniennes avaient en effet redessiné les contours démographiques de la péninsule. La minorité tatare, musulmane et turcophone, qui représentait un cinquième de la population en 1939, a été accusée par le pouvoir soviétique de collaboration avec les nazis et le peuple tatar a été intégralement déporté de Crimée en mai 1944. En trois jours, plus de 180 000 personnes ont été entassées dans des wagons à bestiaux et envoyées en Asie centrale. Grecs, Arméniens ou Bulgares de la péninsule ont également été victimes de la répression[1]. Les Tatares n'ont pas pu remettre les pieds en Crimée avant les années 1980. Les traces de ces populations autochtones ont été effacées par le pouvoir stalinien qui avait remplacé les toponymes tatars par des noms russes, détruit un certain nombre d'édifices et réécrit l'histoire de la péninsule pour y minorer le rôle des peuples déportés. La Crimée est devenue plus russe, mais au prix de l'effacement de sa diversité séculaire. L'État soviétique a rempli le vide laissé par les peuples déportés en encourageant une migration en provenance de Russie et d'Ukraine. Parfois, les nouveaux arrivants se sont installés dans les logements des déportés, laissés vides par leurs habitants. Alors que, en 1939, les Russes représentaient moins de la moitié de la population en Crimée, ils étaient plus de 70 % en 1959.

Tout comme le Donbass, la péninsule a été plus soviétisée que russifiée. Villégiature de luxe de l'Union soviétique,

1. Dufaud Grégory, « La déportation des Tatars de Crimée et leur vie en exil (1944-1956). Un ethnocide ? », *Vingtième Siècle. Revue d'histoire*, n° 4, vol. 96, 2007, p. 151-162.

espace rêvé, méridional, exubérant, la Crimée est devenue un lieu de passage où le russe faisait office de langue commune. Tout comme le Donbass, elle a développé un sens aigu de son identité avec, comme ferment, l'âge d'or de la période soviétique. Si la Crimée s'est retrouvée région ukrainienne au moment de l'indépendance, c'est en raison du découpage territorial adopté en 1954, où elle a cessé de dépendre administrativement de la république socialiste fédérative soviétique de Russie à la faveur d'un rattachement à la république socialiste fédérative soviétique d'Ukraine. Les spéculations autour de cette décision, prise dans l'URSS de Nikita Khrouchtchev à l'occasion de la célébration des trois cents ans de la réunification de la Russie et de l'Ukraine, sont nombreuses. Elles sont nourries par le pouvoir russe qui aime à parler d'un cadeau indu fait par Khrouchtchev à sa terre d'origine. Quelles qu'en aient été les raisons, il s'agissait d'une modification de frontières administratives au sein d'un même État, d'une portée politique limitée à l'époque, et qui avait, par ailleurs, des justifications pratiques tangibles, l'Ukraine ayant, à la différence de la Russie, une frontière terrestre avec la péninsule. Les accords de dissolution de l'URSS ne prévoyaient pas de revenir sur les frontières internes définies à l'époque soviétique, afin de ne pas ouvrir la boîte de Pandore des rancœurs et insatisfactions suscitées par ces découpages initialement très politiques.

La Crimée est donc devenue partie intégrante de l'Ukraine indépendante, et les Criméens ont été 54 % à voter pour au référendum de 1991, mais ce soutien était de loin le plus bas du pays. Entérinant la place particulière de la Crimée, la Constitution ukrainienne de 1996 octroyait d'ailleurs un statut spécial à la péninsule et à la ville de Sébastopol. Le retour des populations tatares, bien que douloureux, a été facilité dans la Crimée ukrainienne, et a créé un attachement fort de la communauté tatare à l'État ukrainien. Au fil du temps, de plus en plus de Criméens ont considéré d'ailleurs que l'Ukraine était leur patrie : ils n'étaient que 32 % en 2008, mais 71 % en 2011[1]. Les citoyens russes continuaient à voir dans la Crimée un lieu rêvé de villégiature, mais s'y rendaient de moins en moins : en 2013, ils ne représentaient que 26 % des touristes de la péninsule, contre 66 % de touristes locaux ukrainiens[2].

En 2013, les chercheurs travaillant sur la région jugeaient la probabilité d'un conflit de la Crimée avec les autorités de Kyiv assez faible[3]. Ce n'est pourtant pas un hasard si la Crimée a pu céder aussi facilement à l'annexion, car la nostalgie des privilèges perdus et l'inquiétude sur la place de la péninsule au sein du projet ukrainien se sont maintenues dans les dernières décennies. La rancœur était là, mais il a fallu l'intervention de la Russie pour qu'elle se mue en une vague sécessionniste.

L'annexion de la Crimée est un point de rupture chronologique qui marque le début de la guerre entre la Russie et

1. Enquête du centre Razumkov, 11 avril 2011, citée par Chenier Luc, « Poll: Most Crimean Residents Consider Ukraine their Motherland – Apr. 11, 2011 », *KyivPost*, 11 avril 2011, https://www.kyivpost.com/article/content/ukraine-politics/poll-most-crimean-residents-consider-ukraine-their-102113.html

2. Slepokourova Maria, « Le flux touristique vers la Crimée a diminué de 3,4 % en comparaison de l'an dernier », *Tourprom*, 25 décembre 2013, consulté le 8 juin 2022, source en russe (Слепокурова Мария, « Турпоток в Крым просел на 3.4 % по сравнению с прошлым годом », *Турпром*, 25 декабря 2013 года, https://www.tourprom.ru/news/23437/).

3. Malyarenko Tetyana et Galbreath David J., « Crimea: Competing Self-Determination Movements and the Politics at the Centre », *Europe-Asia Studies*, n° 5, vol. 65, juillet 2013, p. 912-928.

l'Ukraine, mais sa portée va bien au-delà. Le soutien massif de la population russe à l'annexion a créé une cassure nette entre les sociétés, un conflit entre Russes et Ukrainiens ordinaires, là où, précédemment, il y avait surtout une confrontation de modèles politiques. C'est le Kremlin qui a lancé l'annexion, avec, pour mot d'ordre, « la Crimée est à nous », mais ce sont bien les Russes qui l'ont acclamée.

Le soutien de l'annexion de la Crimée par la population russe a été massif, porté par un enthousiasme sans précédent. Fin mars 2014, 9 Russes sur 10 approuvaient le rattachement de la Crimée à la Russie. Beaucoup déclaraient éprouver de la joie et de la fierté pour leur pays et considéraient l'annexion comme un rétablissement de la justice[1]. Ce soutien a dépassé les clivages politiques, socioprofessionnels, générationnels, régionaux, pour emporter dans son élan l'immense majorité des Russes, y compris ceux qui étaient traditionnellement critiques du Kremlin. Avec stupéfaction, nous échangions ici, en France, avec tel ou tel collègue chercheur russe reproduisant soudainement, avec une sincérité évidente, le discours du Kremlin sur l'Ukraine. Alors que la popularité de Vladimir Poutine était en déclin depuis 2008, avec un niveau plancher à 61 % atteint juste avant la révolution du Maïdan en novembre 2013, elle a immédiatement bondi pour arriver à 82 % en avril et 88 % en octobre 2014[2]. Une telle eupho-

1. Enquête du centre Levada, « Les événements en Ukraine, en Crimée, et la réaction de la Russie », 26 mars 2014, consulté le 14 juin 2022, source en russe (Левада-Центр, « Происходящее в Украине, Крыму и реакция России », 26 марта 2014 года, https://www.levada.ru/2014/03/26/proishodyashhee-v-ukraine-krymu-i-reaktsiya-rossii/).

2. Enquête du Centre Levada, « Approbation des institutions, taux de soutien des partis et des acteurs politiques », 6 juin 2022, consulté le 14 juin 2022, source en russe (Левада-Центр, « Одобрение институтов,

rie, ont ironisé plusieurs personnalités russes, ressemblait bien plus à une grosse fièvre qu'à l'expression d'une opinion[1].

Il n'y a pas d'explication simple de ce soutien écrasant à une action d'annexion conduite dans la précipitation et au mépris des règles de droit. Certes, la péninsule avait une place particulière dans l'imaginaire historique russe, mais cet élément seul ne suffit pas à expliquer l'enthousiasme qui a parcouru la population russe. La Crimée a été un point de jonction entre une pression médiatique sans précédent et des tendances de fond sur lesquelles le pouvoir russe a surfé.

On peut d'abord souligner l'effet indéniable de la campagne massive de désinformation. Martelés avec une intensité jamais atteinte auparavant dans les médias russes, les thèmes du chaos en Ukraine, de l'extrémisme nationaliste et de la menace sur les russophones ont pris les allures d'une évidence. Y croire était encore plus facile si on faisait partie des 60 % de Russes qui n'avaient aucun lien, ni amical ni familial, avec l'Ukraine[2], mais, même au sein des familles mixtes, le soutien à l'annexion était important. Les conflits allant jusqu'aux ruptures se sont multipliés dans ces familles.

Beaucoup de Russes étaient également fiers de voir leur État capable de conduire une opération ambitieuse sans qu'une goutte de sang ne soit versée, au nez et à la barbe, non seulement de l'Ukraine, mais aussi de la communauté

рейтинги партий и политиков », 6 июня 2022 года, https://www.levada.ru/2022/06/01/odobrenie-institutov-rejtingi-partij-i-politikov-3/).

1. Velekhov Leonid, « Grigory Yavlinsky : 86 % de soutien, c'est comme 40° de fièvre chez un malade », Radio Svoboda, 14 mars 2015, consulté le 14 juin 2022, source en russe (Велехов Леонид, « Григорий Явлинский : "86 процентов это как температура 40 у больного" », Радио Свобода, 14 mars 2015, https://www.svoboda.org/a/26896489.html).

2. Enquête du Centre Levada, 26 mars 2014. déjà citée.

internationale. Le documentaire russe *Crimée. Le chemin vers la Patrie*, diffusé un an après l'annexion de la Crimée, filmé comme un *blockbuster* américain, et constitué pour moitié d'une reconstitution spectaculaire des événements, est imprégné de cette excitation aventurière. Le film raconte une « opération qui n'a pas d'équivalent dans l'histoire récente », et Vladimir Poutine n'y cache pas l'intervention de ses forces armées, celle-ci trouvant une explication simple, donnée sans fausse pudeur : la fin justifie les moyens. Dans l'adhésion des citoyens russes à l'annexion, la dimension légale est facilement passée à l'arrière-plan au profit d'arguments soulignant plutôt l'opportunité politique et le brio de l'opération. Au fond, la méthode utilisée en Crimée n'était pas en décalage avec la culture politique et la culture des affaires russe qui valorisait le coup d'éclat sur les procédures et la manipulation des règles sur leur respect.

Autre élément d'explication du soutien à l'annexion, l'opération conduite en Crimée s'est ancrée dans l'idéologie du Monde russe, avec une dimension impériale qui rencontrait un écho certain auprès de la population. Parce que « terre russe ancestrale », dans la conception de Vladimir Poutine, la Crimée devait naturellement redevenir partie de la Russie. « La Crimée a toujours été et reste une partie intégrante de la Russie dans le cœur et l'esprit des gens, a déclaré le président russe devant le parlement le 18 mars 2014. Cette conviction, fondée sur la vérité et la justice, était inébranlable, transmise de génération en génération[1]. » Cet ancrage dans l'histoire a naturalisé l'annexion comme

1. « Discours du président de la Fédération de Russie », http://kremlin.ru/events/president/news/20603, 18 mars 2014, consulté le 15 juin 2022. Traduction de l'autrice.

inévitable, avec l'idée sous-jacente de la supériorité du projet russe sur toutes les autres considérations politiques. Une « terre russe » selon Poutine n'était ni exactement celle qui était peuplée de Russes ethniques, ni tout à fait celle peuplée de russophones, mais plutôt celle dont l'État russe avait la conviction qu'elle lui appartenait. 58 % des personnes interrogées en mars 2014 considéraient que la Russie avait le droit d'annexer des territoires où vivent des Russes, parce qu'elle avait « le devoir de protéger les siens[1] », donnant une assise morale à l'agression. La journaliste russe Ouliana Skoïbeda décrivait dans un article très commenté sa fierté d'habiter un pays « où le peuple tout entier est prêt à [se passer de chaussures et] porter des bottes de caoutchouc si c'est nécessaire pour sauver la Crimée, où ne pas abandonner ses frères est plus important que d'avoir trente variétés de saucisson dans son réfrigérateur[2] ». S'ajoute à cela, pour la Crimée, l'idée méprisante que l'Ukraine, pays mineur, ne pouvait mériter une telle pépite. Jamais questionné, profondément ancré, le regard impérial sur les périphéries de la Russie a légitimé l'annexion.

Pour les Ukrainiens, voir le pouvoir russe annexer la Crimée dans un acte d'agression ouverte, mais aussi, et surtout, réaliser que les Russes ordinaires soutenaient cette agression, a été un immense choc. C'est l'euphorie des Russes,

1. Enquête du centre Levada, « Les événements en Ukraine, en Crimée, et la réaction de la Russie », 26 mars 2014, déjà citée.
2.Skoïbeda Uliana, « Je ne vis plus dans un pays conquis », *Komsomolskaïa pravda*, 25 mars 2014, consulté le 15 juin 2022, source en russe (Скойбеда Ульяна, « Я больше не живу в завоеванной стране », *Комсомольская правда*, 25 mars 2014, https://www.kp.ru/daily/26210/3095671/) Traduction de l'autrice.

plus que l'action du Kremlin, qui a créé une fracture réelle entre les personnes des deux côtés de la frontière. On pouvait fermer les yeux sur les différences d'opinions – après tout, la politique était une affaire de gens corrompus, et ces sujets ne méritaient pas de déchirer les familles. Mais comment fermer les yeux sur ce que les Ukrainiens ont d'emblée identifié comme une attaque armée ? Pour la plupart des Ukrainiens, leurs voisins étaient victimes d'une « zombification » par la propagande des médias, et ils se demandaient comment les faire sortir de leur léthargie comateuse. Pour un certain nombre d'autres, l'attitude des Russes suivait une logique impériale claire où une Ukraine indépendante n'avait pas droit à l'existence, et qui expliquait toutes les persécutions dont les Ukrainiens faisaient l'objet depuis des générations. En 2014, dans les conversations que je pouvais avoir avec différents spécialistes de l'Ukraine, cette dernière interprétation était souvent considérée comme excessive.

Chapitre 10

Le Donbass comme déchirure

Alors que le pouvoir russe parachevait son opération en Crimée, une autre opération commençait à l'est et au sud du pays. Dans ces régions, très sensibles aux messages des médias russes, la méfiance face au nouveau pouvoir de Kyiv s'est petit à petit muée en crainte et en hostilité. Partout dans les villes d'Ukraine, des mouvements anti-Maïdan plus ou moins nombreux coexistaient avec les mouvements pro-Maïdan apparus dans le sillage de la révolution kiévienne, les deux occupant périodiquement l'espace public. La chute rapide de la Crimée et, surtout, son rattachement éclair à la Russie donnaient aux mouvements locaux anti-Maïdan l'impression qu'une fenêtre d'opportunité était en train de s'ouvrir. Les griefs accumulés contre Kyiv trouveraient une issue dans la possibilité de rejoindre la Russie, un pays dont les retraites élevées et les perspectives de carrière miroitaient juste de l'autre côté de la frontière. On sait cependant aujourd'hui que l'insurrection anti-Kyiv dans ces régions n'était que partiellement le fait de locaux. Sans que l'on ait observé, comme en Crimée, l'arrivée massive d'hommes en armes, des activistes russes, dont certains étaient issus des services spéciaux, étaient dans les rangs des organisateurs.

Les foyers d'opposition au pouvoir de Kyiv sont apparus dans plusieurs villes du pays : Donetsk et Louhansk, Kharkiv, Odessa et Dnipropetrovsk[1], mais aussi Marioupol, Kramatorsk, Horlivka, Mykolaïv... Les chercheurs débattent encore aujourd'hui pour savoir si les facteurs internes, tels que la situation économique locale[2], le degré de ressentiment accumulé vis-à-vis de Kyiv[3] ou la stratégie des élites locales[4] expliquent le succès ou l'échec de l'insurrection à tel ou tel endroit. Les rôles respectifs joués par les acteurs locaux et par les Russes est également un sujet crucial d'investigation[5]. Certains considèrent que les dynamiques locales ont joué un rôle prédominant[6] ; d'autres affirment que la somme des éléments internes n'est pas suffisante pour expliquer l'embrasement de l'est de l'Ukraine, qui doit surtout aux actions de déstabilisation conduites par la Russie[7].

1. Organization for Security and Cooperation in Europe, « Ukraine, Human Rights Assessment Mission: Report on the Human Rights and Minority Rights Situation, March-April 2014 ».
2. Zhukov Yuri M, « Trading Hard Hats For Combat Helmets : The Economics of Rebellion in Eastern Ukraine », *Journal of Comparative Economics*, n° 1, vol. 44, 2016, p. 1-15.
3. Kudelia Serhiy, « The Donbas Rift », *Russian Politics & Law*, n° 1, vol. 54, 2 janvier 2016, p. 5-27.
4. Portnov Andrii, « How "eastern Ukraine" was lost », https://www.opendemocracy.net/od-russia/andrii-portnov/how-eastern-ukraine-was-lost, 14 janvier 2016, consulté le 22 novembre 2016.
5. Arel Dominique et Driscoll Jesse, *Ukraine's unnamed War: Civil War and Russian Intervention*, Cambridge, Cambridge University Press, 2022.
6. Kudelia Serhiy, « The Donbas Rift », art. cité.
7. Matsiyevsky Yuriy, *Six Reasons Why Russia Should be Recognized as a Party to the Conflict in Ukraine | Wilson Center*, https://www.wilsoncenter.org/article/six-reasons-why-russia-should-be-recognized-party-to-the-conflict-ukraine, 11 juin 2015, consulté le 30 juin 2022 ; Mykhnenko Vlad, « Causes and Consequences of the War in Eastern Ukraine: An

Cependant, nulle part les événements n'ont reproduit ceux de la Crimée. Dans certaines villes, comme à Kharkiv, l'insurrection a été coupée net par une reprise en main des forces de l'ordre et de l'administration locale. À Donetsk et Louhansk, le mouvement contre Kyiv s'est au contraire renforcé, et a conduit à la proclamation par les nouvelles autorités sécessionnistes de deux entités, la république populaire de Donetsk le 7 avril et la république populaire de Louhansk le 27 avril, sans que la Russie ne manifeste ensuite l'intention d'annexer ces régions. Le 14 avril 2014, en réponse à la prise de la ville de Sloviansk par un groupe dirigé par l'ancien officier des services spéciaux russes, Igor Strelkov, Kyiv déclarait officiellement le début de ce qui s'appelait à ce moment-là une « opération antiterroriste », visant à garantir l'intégrité territoriale de l'Ukraine. La guerre dans le Donbass avait commencé.

Rien n'avait préparé l'Ukraine, pays qui n'avait pas connu de guerre depuis longtemps, à un nouveau conflit armé. Au contraire, tout au long des décennies postsoviétiques, l'Ukraine a diminué le nombre de ses forces armées, divisant par quatre leurs effectifs entre 1991 et 2013[1]. En dépit de tentatives de réformes structurelles conduites notamment sous la présidence de Iouchtchenko, l'armée souffrait d'un sous-financement permanent à la limite de la misère, d'un vieillissement de son armement, d'une faible préparation

Economic Geography Perspective », *Europe-Asia Studies*, n° 3, vol. 72, 15 mars 2020, p. 528-560.

1. Colin Lebedev Anna, « Les combattants et les anciens combattants du Donbass : profil social, poids militaire et influence politique », *Études de l'IRSEM*, n° 3, 2017.

au combat des troupes dont l'essentiel était constitué de conscrits, d'une corruption massive et d'un manque de prestige flagrant[1]. Par ailleurs, ses forces armées commandées par des officiers formés à l'époque soviétique semblaient infiltrées d'agents prorusses et sensibles à la cause séparatiste sur le terrain. Au printemps 2014, l'armée ukrainienne n'était pas en état de combattre[2].

Cette faille de l'État, couplée à une désorganisation massive qui suivait le changement de pouvoir, est cependant ce qui a transfiguré la société ukrainienne. Parce que les insurrections dans le Donbass étaient, pour les Ukrainiens, une dimension de l'agression russe, parce que l'armée se révélait incapable de défendre le pays, c'est aux citoyens qu'a incombé dans un premier temps la responsabilité d'organiser la résistance. Dès le mois d'avril 2014, le pouvoir politique a autorisé la création de bataillons de volontaires, autonomes dans le recrutement, le financement et le fonctionnement, mais rattachés institutionnellement aux ministères de la Défense et de l'Intérieur, et encouragé l'engagement de combattants non professionnels dans ces nouveaux corps armés. « Non professionnels », c'était peu dire : les volontaires qui ont rejoint ces bataillons étaient de tous âges, de toutes origines professionnelles, et avaient des expériences militaires disparates. On y croisait des chercheurs en sciences qui n'avaient jamais tenu une arme, des fonctionnaires et des entrepreneurs ayant fait leur service militaire plusieurs décennies auparavant, des jeunes à peine

1. *Ibid.*
2. Gorenburg Dmitry, « Ukrainian military capabilities », https://russiamil.wordpress.com/2014/12/22/ukrainian-military-capabilities/, 22 décembre 2014, consulté le 15 mars 2016.

sortis de l'école, des férus de reconstitutions de batailles historiques qui avaient pour avantage de savoir creuser des tranchées, des littéraires pacifistes, des employés de banque abandonnant leurs bureaux. On y trouvait également pas mal d'activistes du Maïdan, de Kyiv et des autres régions, dont l'engagement militaire venait s'inscrire dans la continuité des affrontements qui les avaient opposés aux forces de l'ordre aux mois de janvier et février[1]. Une trentaine de bataillons s'étaient ainsi formés en mars-avril dans les quatre coins de l'Ukraine, dont trois sans affiliation auprès d'un ministère public. En parallèle, dès le printemps 2014, le pouvoir ukrainien avait lancé une première vague de mobilisation pour renforcer l'armée régulière. Le choix de tel ou tel bataillon était, pour les Ukrainiens qui souhaitaient s'engager, une affaire d'opportunité : certains se sont enrôlés dans celui qui était le plus proche de chez eux, d'autres ont été sensibles à la réputation ou au niveau d'équipement de tel ou tel corps armé, d'autres encore ont suivi des amis ou cherché à rejoindre un commandant charismatique. La très grande majorité des bataillons n'affichait aucun autre message idéologique que la défense de l'Ukraine, quelques-uns cependant étaient issus de mouvements ultranationalistes, comme Secteur droit, partiellement issu du groupe éponyme sur le Maïdan, ou Azov qui deviendrait, quelques années plus tard, l'épouvantail des médias russes. Toutefois, dans les premiers temps de la guerre, la dimension idéologique

1. Goujon Alexandra et Shukan Ioulia, « Sortir de l'anonymat en situation révolutionnaire : Maïdan et le citoyen ordinaire en Ukraine (hiver 2013-2014) », *Politix*, n° 4, vol. 112, 2015 ; Colin Lebedev Anna, « D'une guerre à l'autre. Les vétérans d'Afghanistan dans le conflit armé dans le Donbass », *Revue d'études comparatives Est-Ouest*, n° 2, vol. 2, 2018, p. 65-92.

comptait moins que d'autres caractéristiques du bataillon, et les opinions politiques des fondateurs ne recoupaient pas forcément les préférences idéologiques des combattants. Un des combattants que j'ai interviewés, commandant de groupe dans le bataillon Secteur droit, russophone du Donbass et menuisier de profession, me racontait en riant le mal de crâne que lui donnait, à lui qui n'avait jamais participé aux manifestations du Maïdan, la répétition par ses hommes du slogan nationaliste « Gloire à l'Ukraine ! ». S'il avait choisi le bataillon Secteur droit, accusé par les Russes d'être un corps armé punitif persécutant les russophones, c'est parce que l'accès y était facile et l'ambiance paraissait bonne.

La nature composite des bataillons et l'impossibilité pour l'État de contrôler le profil social de ceux qui s'y engageaient portaient un risque d'usage incontrôlé de la violence. Effectivement, des rapports d'organisations de défense des droits de l'homme ont collecté un certain nombre cas d'enlèvements, de meurtres et de violences contre les civils commis par les combattants des bataillons volontaires[1]. Les accusations concernaient notamment les bataillons Shakhtarsk, Tornado, Aidar et Azov. Les deux premiers ont été liquidés par le ministère de l'Intérieur en 2014 et 2015, et un certain nombre de leurs membres ont été jugés et condamnés pour leurs crimes. Quelques membres d'Aidar et Azov ont également été inquiétés. Il est certain que tous les crimes

1. Amnesty International, « Ukraine: Abuses and war crimes by the Aidar Volunteer Battalion in the north Luhansk region », s.l., 2014 ; Amnesty International et Human Rights Watch, « "You Don't Exist". Arbitrary Detentions, Enforced Disappearances, and Torture in Eastern Ukraine », s.l., 2016 ; OHCHR, « Accountability for killings in Ukraine from January 2014 to May 2016 », s.l., 2016.

commis par les membres des bataillons volontaires n'ont pas été traités avec la même attention par l'État ukrainien, mis en difficulté quand il s'agissait d'accuser publiquement des bataillons qui faisaient preuve de courage sur le front. Si des crimes sont certainement restés non investigués, on ne peut pas parler, au vu des informations collectées par les enquêteurs internationaux, de crimes de masse ou de violences systématiques contre la population par les combattants côté ukrainien.

À ces civils qui, quelques mois auparavant, ne se seraient pas imaginé s'engager dans un corps armé, le pouvoir avait envisagé, dans un premier temps, de confier des missions d'appui au maintien de l'ordre. Les bataillons du ministère de l'Intérieur devaient appuyer des missions de police dans l'Est, où les forces de l'ordre semblaient les moins fiables ; ceux relevant du ministère de la Défense devaient protéger des infrastructures critiques dans leurs régions. Cependant, rapidement, les insurrections à l'est du pays se sont transformées en guerre. Les adversaires étaient d'abord des combattants séparatistes, progressivement armés par la Russie, puis directement l'armée russe. Souvent habillés et équipés de bric et de broc, ayant acheté eux-mêmes casques et gilets pare-balles, armés au mieux d'armes légères, les premiers bataillons comptant au total quelques milliers de personnes sont partis vers l'est au printemps 2014. Derrière eux, c'est la société tout entière qui s'est organisée pour répondre aux besoins de guerre, car l'État était incapable de le faire. Les milieux d'affaires, y compris des oligarques comme Ihor Kolomoïsky, ont activement participé au financement de l'armée. Ce dernier, Ukrainien d'origine juive, avait clairement fait le choix de l'Ukraine et pris le parti du Maïdan dès le début de la protestation. Au printemps 2014, il se faisait photographier vêtu d'un t-shirt où, sous le symbole fusionné d'une ménorah et du trident ukrainien, on lisait « judéo-bandériste », pied de nez à la propagande russe dans laquelle les Juifs étaient censés être victimes des partisans de Stepan Bandera. Mais l'équipement et l'approvisionnement des combattants ont aussi été assurés par de très nombreux Ukrainiens ordinaires qui ont montré dès le début de la guerre une grande capacité d'auto-organisation[1]. Des bénévoles cousaient des uniformes, collectaient de l'argent pour acheter de l'équipement et des vivres, organisaient l'aide médicale d'urgence sur le terrain et la prise en charge des blessés à l'hôpital, se déplaçaient jusqu'à la ligne de front pour livrer le nécessaire aux combattants. Si les femmes étaient très minoritaires parmi les combattants sur le front à cette étape-là de la guerre[2], leur rôle a été absolument central dans toutes les fonctions de soutien.

La frontière entre civils et militaires a été d'ailleurs très brouillée dans la première phase de la guerre, avec des va-et-vient continus entre les bataillons et l'arrière. Il arrivait ainsi qu'un combattant travaille à son emploi civil, au bureau, pendant un certain temps, puis prenne quelques jours de congé pour partir sur le front. Beaucoup d'employeurs ont d'ailleurs accepté l'engagement de leurs salariés et les ont maintenus dans leurs postes, pour certains en continuant à les rémunérer. La guerre a donc engagé la société bien

1. Shukan Ioulia, « Émotions, liens affectifs et pratiques de soin en contexte de conflit armé. Les ressorts de l'engagement des femmes bénévoles dans l'assistance aux blessés militaires du Donbass », *Revue d'études comparatives Est-Ouest*, n° 2, vol. 2, 2018, p. 131-170.
2. Martsenyuk Tamara, « Invisible Battalion. Women's participation in ATO military operations », Kyiv, 2016 : https://invisiblebattalion.org/en/invisbat-2/#invisbat1-0

au-delà du seul groupe des combattants, renforçant les capacités d'action d'une grande partie des citoyens, les persuadant de leur rôle central dans le fonctionnement de leur pays, mais accentuant aussi leurs postures critiques vis-à-vis d'un État défaillant qu'ils étaient obligés de remplacer. « L'État, c'est nous, ce n'est pas eux », me disait un ancien combattant et militant du Maïdan en parlant des politiques. « Eux, ce sont un organe parasite »[1]. « L'État, c'est nous », me répétait une jeune activiste d'à peine 20 ans qui avait créé et coordonné une ONG d'entraide pour anciens combattants. Les structures publiques existantes étaient ankylosées ; la souplesse des initiatives civiles était certes préférable, mais il faudrait ensuite transmettre à l'État les expériences acquises par les ONG, m'expliquait-elle[2].

De l'autre côté de la ligne de front, les combattants séparatistes recrutés dans les nouvelles républiques autoproclamées ont aussi souvent pris les armes spontanément en 2014, pour défendre une cause qu'ils estimaient juste et protéger leur terre de ce qu'ils percevaient comme un danger extrémiste. Les Ukrainiens pro-Kyiv qualifiaient volontiers ces combattants de marginaux déclassés, sans se rendre compte qu'ils retournaient simplement contre leur adversaire le stigmate dont ils étaient eux-mêmes l'objet dans les médias russes. En réalité, des deux côtés de la ligne de front, les combattants ukrainiens partageaient des caractéristiques sociales et des motivations assez proches[3]. Il y avait

1. Entretien conduit à Kyiv, septembre 2016.
2. Entretien conduit à Kyiv, juin 2016.
3. Mikheieva Oksana, « Engagés volontaires de la guerre du Donbass. Les motivations pour combattre des deux côtés de la ligne de front », *Revue*

cependant une différence de taille : derrière ces combattants séparatistes, la guerre était conduite par la Russie, d'abord par procuration, puis par l'envoi de forces armées à partir de l'été 2014. La première intention du pouvoir russe avait en effet été de conduire une guerre hybride de déstabilisation, avec l'appui de volontaires russes et d'un certain nombre de professionnels russes des opérations militaires. Cependant, face à l'insuffisance des forces locales, le Kremlin a utilisé son armée sur le terrain à partir de fin août, transformant une guerre par procuration en une agression armée directe. La présence russe a surtout été visible dans les grandes batailles, telle la bataille d'Ilovaïsk en août 2014, où près de 4 000 militaires de l'armée russe ont pris part aux combats, infligeant de lourdes pertes aux Ukrainiens[1]. La Russie a pourtant continué à nier son intervention armée, entretenant la version selon laquelle les combattants russes morts ou emprisonnés dont on a trouvé la trace dans le Donbass étaient tous des volontaires, et non des militaires de l'armée régulière. Plusieurs investigations journalistiques, mais aussi le « rapport Nemtsov »[2], rédigé par l'équipe de l'homme d'opposition russe assassiné en 2015, ont pourtant démenti le pouvoir russe et démontré l'implication militaire directe de la Russie. L'invasion russe de l'Ukraine avait bien commencé en 2014.

---

d'études comparatives Est-Ouest, traduit par Ioulia Shukan, n° 2, vol. 2, 2018, p. 21-64.

1. Kofman Michael, Migacheva Katya, Nichiporuk Brian, Radin Andrew, Tkacheva Olesya et Oberholtzer Jenny, « Lessons from Russia's Operations in Crimea and Eastern Ukraine », s.l., RAND Corporation, 2017.
2. *Le Rapport Nemtsov : Poutine et la guerre*, textes réunis par Boris Nemcov traduits par Polina Petrouchina, avec une préface de Marie Mendras et une postface de Michel Eltchaninoff, Arles, Solin/Actes Sud, 2016.

Ce déni a été lourd de conséquences. Pour les Russes, qui n'ont jamais vu les cercueils de leurs soldats revenir du Donbass, la guerre était loin, dans une Ukraine de plus en plus imaginaire. Tout comme l'annexion de la Crimée, l'intervention dans le Donbass semblait pour la Russie sans coût humain et militaire et sans conséquences économiques sensibles, l'impact des sanctions pesant à partir de 2014 sur l'économie russe n'ayant pas provoqué de crise majeure, même si les revenus réels des Russes avaient baissé. Selon les chiffres des Nations unies, plus d'un million de réfugiés du territoire en guerre sont venus chercher la protection en Russie, mais sont restés largement inaperçus pour la population russe, dilués dans la masse des migrants de travail. Des travailleurs ukrainiens, les Russes en avaient déjà vu. La guerre était entrée dans le quotidien de chaque Ukrainien ; elle est restée largement télévisée pour les Russes. Les Ukrainiens avaient la certitude de combattre contre la Russie ; les Russes, quant à eux, ne réalisaient pas qu'ils étaient en guerre contre l'Ukraine.

Pour autant, l'Ukraine n'est pas sortie du champ informationnel russe. Bien au contraire, le temps et l'attention qui y étaient consacrés étaient considérables, et les contenus destinés à entretenir l'effroi et la diabolisation de Kyiv sont restés nombreux. L'affaire de l'enfant crucifié de Sloviansk qui a frappé les esprits n'a été qu'un exemple sur une multitude de reportages diffusés à cette époque. Début juillet 2014, les forces armées ukrainiennes avaient repris le contrôle de la ville de Sloviansk, occupée auparavant par des autorités séparatistes sous la direction d'Igor Strelkov mentionné plus haut. Le 12 juillet 2014, l'une des principales chaînes de la télévision russe filmait le témoignage de Galina, présentée comme réfugiée ayant fui Sloviansk, qui racontait l'effroyable histoire dont elle avait été témoin : un enfant de 3 ans avait été crucifié sur la place centrale de la ville par les milices ukrainiennes, et s'était vidé de son sang sous les yeux de sa mère. Cette dernière avait ensuite été traînée, attachée à un tank, autour de la place. La violence du récit a marqué durablement les esprits et, pendant plusieurs années, on a pu tomber sur la mention de l'histoire de l'enfant crucifié sur les réseaux sociaux et dans les médias russes. Le reportage était fabriqué de toutes pièces, comme ont pu le démontrer rapidement les journalistes présents dans la petite ville, où personne n'avait entendu parler d'un enfant crucifié[1]. Cinq mois plus tard, la présentatrice de l'émission avait reconnu que l'histoire était fausse, mais en reportant la responsabilité sur la réfugiée dont l'esprit supposément troublé par la violence de la guerre aurait créé cette terrible fantaisie. Quelque temps après, la même femme, présentée sous un autre nom dans une autre ville, semblait figurer dans un autre reportage de la télévision russe.

Les événements tragiques de la Maison des syndicats d'Odessa ont également tenu un rôle particulier dans la formation des esprits. Le 2 mai 2014, des affrontements violents entre groupes pro- et anti-Maïdan dans cette ville sur la mer Noire ont atteint leur point culminant lorsque des militants opposés à Kyiv se sont retrouvés bloqués dans le bâtiment de la Maison des syndicats, et que ce dernier a pris feu. 48 personnes, pour l'essentiel des activistes opposés à Kyiv, sont mortes au cours de cette journée, dont 42 dans l'incendie. Les faits sont connus, cependant, les

1. Smolar Piotr, « La télévision russe invente la “crucifiction” de Sloviansk », *Le Monde*, 16 juillet 2014.

responsabilités n'ont pas été officiellement établies. Le rapport de l'initiative citoyenne « Groupe du 2 mai », l'enquête la plus solide dont on dispose, reprise par le rapport du Conseil de l'Europe[1], conclut à la nature accidentelle de l'incendie, dû à l'usage de cocktails Molotov, et aggravé par la non-intervention des pompiers pendant plus de quarante minutes[2]. Cette journée meurtrière, mal documentée par les autorités ukrainiennes, a été massivement utilisée par le pouvoir russe. « Cela rappelle les crimes des nazis lors de la Seconde Guerre mondiale », a ainsi déclaré immédiatement Léonid Slutsky, député russe, chef de la commission responsable du proche voisinage. « C'est le nouveau Khatyn et le nouvel Auschwitz »[3]. Le « massacre d'Odessa », événement tragique mais isolé par rapport aux milliers de morts que la guerre allait apporter dans les années suivantes, a nourri chez les Russes une mythologie de l'Ukraine : Kyiv représentait un pouvoir meurtrier, n'hésitant pas à faire massacrer des innocents. Huit ans plus tard, à quatre jours de l'invasion massive de l'Ukraine, Vladimir Poutine faisait encore référence à ces événements en promettant de « punir, trouver et soumettre au tribunal » les responsables de la « terrible tragédie à Odessa où les participants d'une

1. Conseil de l'Europe, « Report on Investigations of Odesa Events », Strasbourg, s.n., 2015.
2. Balinski Vladislav et Groupe du 2 mai, « Chronologie des événements du 2 mai 2014 à Odessa », http://2mayodessa.org/category/articles-du-groupe-2-de-mai-en-francais/, 2 mai 2016, consulté le 20 juin 2022.
3. « Le chef du Comité de la Douma aux affaires de la CEI : la tragédie d'Odessa est le nouveau Khatyn », *TASS*, 3 mai 2014, consulté le 16 juin 2022, source en russe (« Глава комитета Госдумы по делам СНГ : трагедия в Одессе – это новая Хатынь », *ТАСС*, 3 мая 2014 года, https://tass.ru/politika/1163667).

action protestataire pacifique ont été sauvagement assassinés et brûlés vifs[1]. »

Pendant huit années, la guerre a continué à l'est de l'Ukraine. Les défaites infligées par l'armée russe aux forces armées ukrainiennes dans deux batailles meurtrières ont conduit à la signature de deux accords de cessez-le-feu. Les accords de Minsk-1, signés le 5 septembre 2014 après la bataille d'Ilovaïsk, n'ont pas apporté d'apaisement sur le front. Les accords de Minsk-2, conclus après la bataille de Débaltseve début 2015, ont marqué pour quelques années l'arrêt des combats de haute intensité, sans apporter de règlement politique. Ces accords permettaient à la Russie de garder le contrôle de la vie politique des régions séparatistes, et lui donnaient les moyens de peser sur l'avenir de l'Ukraine, en bloquant par exemple ses aspirations européennes et atlantistes. « Pile » je gagne, « face » tu perds : l'Ukraine pouvait appliquer ou non les accords de Minsk-2, la Russie gardait de toute façon la main. Si le front s'est stabilisé et que l'armée russe s'est retirée de la ligne de contact, les affrontements armés ne se sont pas arrêtés. Les républiques autoproclamées de Donetsk et de Louhansk, commandées et financées depuis Moscou, ont continué à recevoir un soutien militaire et à combattre les forces de Kyiv. Entre 2014 et fin 2021, le conflit a fait plus de 14 000 morts, dont 4 400 combattants ukrainiens, 6 500 combattants séparatistes et 3 400 civils[2].

1. Poutine Vladimir, « Discours du président de la Fédération de Russie », http://kremlin.ru/events/president/news/67828, 21 février 2022, consulté le 16 juin 2022.
2. Haut-Commissariat des Nations unies pour les réfugiés, « Conflict-Related Civilian Casualties in Ukraine », 27 janvier 2022, consulté le

Le nombre de militaires russes tués dans cette période est estimé à 400-500 par les autorités américaines[1]. L'immense majorité des victimes de la guerre ont perdu la vie entre avril 2014 et février 2015.

Les statistiques ukrainiennes donnaient, début 2019, le nombre de 350 000 Ukrainiens ayant combattu dans le Donbass[2] : membres des bataillons volontaires, militaires sous contrat, combattants mobilisés. Autour d'eux gravitait une nébuleuse encore plus importante de personnes engagées de près ou de loin dans la guerre : bénévoles, activistes, familles, amis et collègues, jusqu'à ceux qui avaient peut-être un jour glissé un billet dans une boîte de collecte au profit de l'armée. Les soldats improvisés de la première génération du printemps 2014 étaient, pour la plupart, rentrés du front. L'État ukrainien avait cherché, dès 2015, à reprendre le contrôle de ses corps armés en proposant à ces combattants de signer un contrat avec l'armée s'ils souhaitaient rester. La quasi-totalité des bataillons volontaires a été intégrée dans les forces armées officielles. Un certain nombre de combattants s'étaient effectivement engagés dans l'armée régulière, mais la plupart de ces hommes et femmes étaient rentrés chez eux, sans pour autant se dire que la guerre était terminée. Pour certains, l'expérience combattante n'était pas une parenthèse, mais le début d'une vie nouvelle où la guerre restait un horizon d'attente.

---

16 juin 2022. https://ukraine.un.org/en/168060-conflict-related-civilian-casualties-ukraine

1. « U.S. Policy in Ukraine : Countering Russia And Driving Reform », https://www.govinfo.gov/content/pkg/CHRG-114shrg96831/html/CHRG-114shrg96831.htm, 10 mars 2015, consulté le 16 juin 2022.

2. Statistiques officielles, http://dsvv.gov.ua/dostup-do-publichnoji-informatsiji/informatsiya-schodo-nadannya-statusu-uchasnyka-bojovyh-dij.html, consulté le 6 septembre 2018.

« J'ai rempli mes fonctions, m'expliquait en septembre 2016 un ancien combattant qui avait quitté son bataillon un an et demi auparavant. Ils ne sont pas allés plus loin. C'est-à-dire qu'on ne tire pas sur ma maison, mes amis sont vivants, ma famille aussi. Donc, pour moi, mon objectif est partiellement rempli. J'ai de l'expérience. Et si ça recommence, je pourrai agir de manière plus efficace[1]. »

« Si ça recommence » ou même « quand ça reprendra » : des réflexions que j'entendais assez fréquemment chez les anciens combattants. Mais, surtout, pour la plupart des Ukrainiens, la guerre était toujours en cours, enlisée mais bien réelle, faisant des morts chaque semaine. La guerre était aussi devenue une nouvelle routine, avec l'ouverture progressive de points de passage entre le territoire ukrainien et les régions séparatistes pour permettre aux populations de circuler. Les républiques séparatistes sont progressivement devenues des États *de facto* autoritaires, mais avec une administration, un système éducatif, des services publics qui fonctionnaient tant bien que mal. Un semblant de coopération se mettait même en place avec Kyiv autour de questions pratiques, telles que l'approvisionnement en eau[2]. Les industries et les mines qui assuraient la prospérité de cette région ont périclité, remplacées par une économie de trafic. La Russie finançait intégralement et commandait en grande partie les territoires séparatistes. La grande déception des locaux a été le manque d'empressement de la Russie à annexer les régions, comme elle l'avait fait pour la Crimée. L'État russe n'avait d'ailleurs

1. Entretien à Kyiv, septembre 2016.
2. Lambroschini Sophie, « War and Water in the Donbas », https://www.zois-berlin.de/en/publications/zois-spotlight/archiv-2018/war-and-water-in-the-donbas, 17 octobre 2018, consulté le 17 juin 2022.

jamais reconnu l'indépendance des deux républiques séparatistes, et les accords de Minsk-2, brandis par la Russie jusqu'en 2022 en accusant l'Ukraine de ne pas les mettre en œuvre, prévoyaient la réintégration officielle de ces territoires dans l'Ukraine. Au fur et à mesure des années, les Ukrainiens des territoires séparatistes se sont de plus en plus identifiés à l'État russe, et encore plus au Donbass[1], avec son passé glorieux et son présent tragique.

La guerre avait aussi profondément transformé le reste de la société ukrainienne. Privée des régions séparatistes qui fournissaient le cœur de l'électorat prorusse, engagée dans un conflit armé où la Russie était l'adversaire désigné, l'Ukraine s'est homogénéisée politiquement autour de la défense de la patrie. La corruption n'avait pas disparu, et les oligarques continuaient à avoir un poids dans la politique, cependant, le contrôle des citoyens sur la vie politique était de plus en plus présent. La guerre dans le Donbass, au cours de laquelle la société civile avait dû se substituer à un État démuni, avait donné une légitimité importante aux ONG et aux initiatives civiques. Dans le domaine militaire où l'engagement de la société était très important, on aurait pu penser que la société civile allait affaiblir l'État en prenant sa place ; c'était sans doute vrai dans une phase transitoire, mais, progressivement, la participation de la société civile est aussi devenue un facteur de renforcement de cet État[2]. L'armée de volontaires

1. Sasse Gwendolyn et Lackner Alice, « Attitudes and Identities Across the Donbas Front Line: What has Changed from 2016 to 2019 ? », Center for East European and International Studies (ZOiS), 2019.
2. Fomitchova Anastasia, « Les volontaires dans la formation de l'appareil militaire ukrainien (2014-2018). Des dynamiques d'auto-organisation

des premiers mois de la guerre, habillée et équipée par les citoyens, avait été progressivement reprise en main par les autorités étatiques. Cependant, doutant des capacités des forces armées, les activistes avaient exigé de mettre en place des coopérations fortes avec les ministères pour les appuyer dans les réformes, y compris les plus concrètes. C'est, par exemple, grâce à l'activisme de l'initiative « Les ailes du Phénix » dirigée par Youri Biriukov, et en dépit de l'opposition rencontrée dans différents couloirs ministériels, que les rations alimentaires des militaires ont été sensiblement améliorées. Les citoyens n'ont pas toujours pu agir efficacement aux côtés de l'État, mais ils ont maintenu une grande vigilance et ne se sont pas privés d'intervenir et de dénoncer la corruption, les manquements, l'incompétence ou la mauvaise volonté des institutions étatiques. Ces critiques ont souvent été prises pour des signaux de dysfonctionnements majeurs de l'État ukrainien. En réalité, elles étaient tout autant l'expression d'une grande vitalité de la société civile et de son implication dans les domaines les plus stratégiques. Même si le Kremlin était au courant de cette évolution de la société civile, il n'a sans doute pas su en mesurer la portée, tant les liens entre État et société en Russie étaient éloignés d'une telle dynamique.

Dans l'Ukraine façonnée par la guerre, l'idée d'une Russie essayant encore et encore, depuis des générations, de la détruire, avait continué à faire son chemin. La Grande Famine, l'annexion des territoires à majorité ukrainienne de la Pologne orientale et les répressions contre les activistes nationalistes dans les années 1940-1950 étaient de moins

---

au retour de l'État », in Revue d'études comparatives Est-Ouest, n° 1, vol. 1, 2021, p. 137-170.

en moins de l'histoire, et de plus en plus un fil rouge qui permettait d'éclairer les événements contemporains. L'idée patriotique d'une terre à défendre et le récit nationaliste d'une Ukraine menacée dans son existence sont devenus dominants en raison de la guerre : personne n'a autant fait pour le nationalisme ukrainien du XXIe siècle que Vladimir Poutine. La société n'a pas pour autant basculé dans l'ultranationalisme.

Le mouvement Azov, qui a progressivement remplacé Secteur droit dans le rôle de la bête noire néonazie du discours russe, en est un exemple. Formé en 2014 par un groupe qui venait clairement de l'extrême droite, le premier bataillon Azov, estimé à 300 hommes, était pourtant déjà assez divers dans son recrutement, et attirait surtout les combattants en raison de la discipline qu'il affichait. Le russe était la langue majoritaire du bataillon. Comme d'autres bataillons de volontaires, Azov a été intégré au ministère de l'Intérieur, ce qui a transformé l'identité du groupe de combattants qui a dû s'aligner sur les règles et les normes des forces armées régulières. Le recrutement du bataillon s'est élargi pour culminer, en février 2022, à 1 500 hommes, et le noyau dur néonazi s'est affaibli au profit d'un nationalisme patriote non extrémiste[1]. Les leaders historiques du mouvement, comme son premier commandant Andrei Biletsky, ont quitté le bataillon pour créer un parti politique, le Corps national, qui a, pour sa part, gardé une idéologie d'extrême droite. Le parti n'a cependant pas

1. Nonjon Adrien, « Qu'est-ce que le régiment Azov, ce bataillon ultra-nationaliste devenu symbole du martyre de Marioupol ? », http://theconversation.com/quest-ce-que-le-regiment-azov-ce-bataillon-ultra-nationaliste-devenu-symbole-du-martyre-de-marioupol-183602, 24 mai 2022, consulté le 20 juin 2022.

réussi sa percée en politique, comme l'ensemble des forces d'extrême droite qui ont reçu moins de 3 % des voix aux élections parlementaires de 2019. Cependant, les opinions antirusses exprimées sur le front pouvaient être assez radicales et les initiatives lancées par les anciens d'Azov, tels que l'ONG Corps civique ou les camps de vacances patriotiques, ont incontestablement attiré un certain nombre d'Ukrainiens. Si le discours de libération nationale dirigé contre l'État russe et la filiation avec les mouvements nationalistes du début du siècle s'était diffusé dans plusieurs partis politiques, il n'y avait pas forcément d'espace politique pour l'extrême droite.

À la veille de l'invasion russe, la guerre était une plaie ouverte, qui provoquait une douleur de plus en plus sourde. En 2021, 16 civils ont perdu la vie dans la guerre[1], nombre le plus bas depuis le début du conflit armé. Près de 80 combattants ukrainiens[2], autant de membres des forces armées de la république séparatiste de Donetsk[3], et une vingtaine de combat-

1. OSCE Special Monitoring Mission to Ukraine, « 2021 Trends and observations from the Special Monitoring Mission to Ukraine », https://www.osce.org/special-monitoring-mission-to-ukraine/511327, 4 février 2022, consulté le 20 juin 2022.
2. « L'Ukraine a perdu 84 de ses défenseurs dans le Donbass en 2021 », *Canal 24*, 2 janvier 2022, consulté le 17 juin 2022, source en ukrainien (« Україна у війні на Донбасі в 2021 році втратила 84 своїх захисників », *24 канал*, 2 січня 2022 р., https://24tv.ua/skilki-zaginulo-na-donbasi-2021-kilkist-zhertv_n1498581).
3. « La république populaire de Donetsk a livré le nombre de ses tués et blessés en 2021 », *Regnum*, 30 décembre 2021, consulté le 17 juin 2022, source en russe (« В ДНР раскрыли число погибших и раненых за 2021 год », *Regnum*, 30 декабря 2021 года, https://regnum.ru/news/3467017.html, 30 декабря 2021).

tants de la république séparatiste de Louhansk[1] avaient été tués au combat cette année-là. Le conflit était loin d'être gelé, mais il était comme « encapsulé », et donnait l'impression d'une guerre qui consumait l'Ukraine à petit feu, liant son destin à celui des territoires séparatistes dont la réintégration devenait de moins en moins envisageable.

1. « La république populaire de Louhansk a rendu publiques les pertes de la Milice populaire pour l'année qui se termine », *Eurasia Daily*, 29 décembre 2021, consulté le 17 juin 2022, source en russe (« В ЛНР обнародовали потери Народной милиции за уходящий год », *Eurasia Daily*, 29 декабря 2021 года, https://eadaily.com/ru/news/2021/12/29/v-lnr-obnarodovali-poteri-narodnoy-milicii-za-uhodyashchiy-god).

Chapitre 11

Le gouffre de la guerre

Chaque Ukrainien a un souvenir très précis de ce qu'il faisait au petit matin du 24 février 2022, lorsque la Russie a lancé une invasion militaire de l'Ukraine. Certains ont été réveillés par des bruits d'explosion. D'autres ont reçu un coup de fil d'un proche : « Ça a commencé. » D'autres encore se sont décidés à appeler leurs parents à six heures du matin : « Maman, papa, réveillez-vous, c'est la guerre ! » Un certain nombre d'entre eux n'avaient pas fermé l'œil de la nuit, pressentant qu'il allait arriver quelque chose. D'autres étaient sortis la veille et dormaient sur leurs deux oreilles. Pour tous à présent, la vie se découpe en un avant et un après le 24 février.

Parmi les Russes connectés et informés, la nouvelle de l'invasion a aussi été un choc. Quand on demande à l'économiste Natalia Zubarevitch, figure brillante des milieux intellectuels russes, connue pour son discernement et son sens de la mesure, quelle fut sa réaction en apprenant le début de la guerre, elle avoue avoir pleuré pendant deux jours. Une telle guerre était impensable, à la fois par la nature brutale et archaïque de l'invasion, mais aussi par la terrifiante proximité du voisin qui était attaqué.

Beaucoup n'arrivaient pas à y croire. Un ancien combattant kiévien raconte ainsi sur son fil Facebook la conversation avec sa cousine à Moscou qui l'a appelé le jour de l'agression pour savoir s'il allait bien, et s'il était vrai que Kyiv était bombardé. « Oui, c'est vrai, lui ai-je dit. Plusieurs obus sont tombés. » La question suivante posée par sa cousine l'a sidéré : « Et qui est-ce qui vous bombarde ? » Lorsqu'il lui a répondu, elle est restée incrédule : « "C'est la Russie qui bombarde ?" Au ton de sa voix, j'ai compris qu'elle aurait trouvé presque plus logique que les bombardements viennent du Zimbabwe ou de la planète Mars[1]. »

Cependant, pour une grande partie de la population russe, ce jour où leur pays a déclenché la guerre contre l'Ukraine n'avait rien de particulier. Certes, la télévision avait diffusé quelque temps avant des discours belliqueux du président et de ses proches. Certes, une « opération militaire spéciale » avait démarré quelque part en Ukraine, apparemment pour aider le peuple persécuté du Donbass. Mais tout ça était de la politique, suivie de loin, et semblait à mille lieues des préoccupations quotidiennes des Russes moyens.

La tension était effectivement montée d'un cran à la frontière ukrainienne depuis plusieurs mois. La Russie y avait massé un grand nombre de troupes armées, affirmant que l'OTAN menaçait sa sécurité en utilisant l'Ukraine comme base à proximité de son territoire. Aucune troupe de l'OTAN ne stationnait sur le sol ukrainien qui n'était pas membre de l'Alliance. Il est certain qu'une coopération approfondie entre l'Ukraine et l'OTAN était en place depuis les années 1990. Elle s'était intensifiée depuis 2014 suite à l'annexion de la Crimée et à la guerre dans le Donbass ; le

1. Post Facebook de Bizhan Sharopov, 24 février 2022.

Kremlin lui-même était à l'origine du rapprochement de l'Alliance des frontières russes. Les accords ne supposaient pas la présence de forces armées de l'Alliance en Ukraine. La coopération ukrainienne avec l'OTAN, destinée à réformer les forces armées ukrainiennes et à améliorer leurs capacités, se faisait de manière plutôt transparente et on la trouvait mentionnée chaque année dans les Livres blancs du ministère de la Défense ukrainien. Cependant, des militaires de l'OTAN entraînaient les Ukrainiens[1], et certains États membres de l'OTAN avaient commencé à fournir des armes létales à l'Ukraine[2]. On s'attendait à ce que le pouvoir russe mène une guerre hybride et psychologique contre l'Occident, avec l'Ukraine comme principal terrain d'affrontement et monnaie d'échange, mais la plupart des analystes rejetaient la possibilité d'une invasion massive de l'Ukraine, car celle-ci semblait contraire aux intérêts et aux méthodes russes. Les gains éventuels d'une telle opération, tels que le renforcement de la présence russe en mer Noire ou le contrôle du Donbass, semblaient très insuffisants comparés au coût d'une guerre éventuelle, aussi bien en termes économiques qu'en termes de politique étrangère ou de politique intérieure. Par ailleurs, la taille de l'Ukraine, pays de la surface de la France, semblait rendre illusoire le projet de prise intégrale du territoire. La Russie détenait déjà le contrôle sur une partie du

1. Renz Bettina et Whitmore Sarah, « "Ukraine is knocking at a door that nobody intends to open": NATO-Ukraine Defense Reform Cooperation since 2014 », https://voxukraine.org/en/ukraine-is-knocking-at-a-door-that-nobody-intends-to-open-nato-ukraine-defense-reform-cooperation-since-2014, 24 janvier 2022, consulté le 1er juillet 2022.
2. Marzalik Peter et Toler Aric, *Lethal Weapons to Ukraine: A Primer*, https://www.atlanticcouncil.org/blogs/ukrainealert/lethal-weapons-to-ukraine-a-primer/, 26 janvier 2018, consulté le 1er juillet 2022.

Donbass, et, si l'objectif de la première guerre avait été de créer une zone d'instabilité durable en Ukraine qui l'empêcherait de se rapprocher trop de l'Union européenne comme de l'OTAN, cet objectif avait été atteint.

Les événements se sont accélérés à partir du 21 février quand le pouvoir russe a reconnu officiellement, huit ans auprès leur autoproclamation, les républiques populaires de Donetsk et de Louhansk et a signé des accords avec elles. Le 22, la chambre haute du Parlement russe donnait au Kremlin l'autorisation d'utiliser les forces armées pour venir en aide aux républiques séparatistes. Le 24 février, à 5 h 30 du matin, la télévision russe diffusait un long discours de Vladimir Poutine dans lequel il accusait les États-Unis de velléités d'hégémonie sur le monde et de projets de destruction de la Russie. Pour arriver à ses fins, poursuivait le président russe, les Américains avaient transformé l'Ukraine, l'un des « territoires historiques » de la Russie, en une « "anti-Russie" qui nous est hostile, placée sous un contrôle extérieur total, lourdement armée par les forces armées des pays de l'OTAN, et gonflée aux armes les plus modernes ». Le pouvoir fantoche mis en place par les Occidentaux en Ukraine, expliquait Poutine, était extrémiste et ultra-nationaliste. Il s'était livré pendant huit ans « à des brimades et à un génocide » sur les civils du Donbass. C'est pour secourir ces populations que le Kremlin avait décidé de conduire une opération militaire spéciale dont l'objectif était la « démilitarisation » et la « dénazification » de l'Ukraine[1]. Au même moment, l'artillerie russe

1. Président de la Fédération de Russie, « Discours du président de la Fédération de Russie », site officiel, 24 février 2022, consulté le 18 juin 2022, source en russe (« Обращение Президента Российской Федерации », 24 февраля 2022 года, http://kremlin.ru/events/president/news/67843) Traduction de l'autrice.

attaquait plusieurs infrastructures stratégiques sur le territoire ukrainien, y compris dans la périphérie de Kyiv, et ses troupes lançaient l'assaut par le nord, l'est et le sud du pays.

Le terme d'« opération militaire spéciale » avait pour destinataire principal le public russe qui devait imaginer un événement semblable à l'annexion de la Crimée, elle aussi appelée « opération spéciale » : une intervention éclair de renversement du pouvoir et de retournement des élites, démontrant la puissance militaire et stratégique de la Russie. Nous savons à présent que peu de personnes au cœur même du pouvoir russe avaient, jusqu'au tout dernier moment, connaissance du projet d'invasion. Nous savons également que la mission donnée aux militaires russes reposait sur plusieurs présupposés qui se sont révélés faux : une population ukrainienne favorable ou tout du moins indifférente à la Russie, des élites faciles à retourner et des forces armées ukrainiennes incapables de résister. Difficile aujourd'hui de porter un jugement sur les raisons de cette erreur d'évaluation. Que ce scénario ait pu paraître acceptable au Kremlin montre à quel point l'Ukraine était méconnue. La résistance de l'armée et de la population ukrainiennes a été massive. Non seulement l'armée s'est révélée bien mieux préparée que prévu à l'agression, mais les civils se sont engagés en nombre dans la résistance, sur le front et à l'arrière. L'opération éclair s'est transformée en une guerre meurtrière de grande ampleur, dont l'onde de choc dépassait largement les deux belligérants, et dont les conséquences pourraient être majeures à l'échelle européenne, voire planétaire.

La société ukrainienne est entrée tout entière en guerre le 24 février 2022. L'expérience de 2014 et la guerre conduite pendant les huit années suivantes avaient préparé la résistance, d'abord sur le plan militaire, avec des réformes importantes et une coopération internationale accrue. Début janvier 2022, alors que les forces armées russes étaient déjà présentes en nombre à la frontière ukrainienne, le pouvoir a de nouveau permis l'engagement de volontaires dans des bataillons de défense territoriale, cette fois-ci entraînés et étroitement encadrés par les autorités militaires. Plus encore qu'en 2014, des Ukrainiens de tout âge, de toutes régions et de tout milieu social ont cherché à rejoindre ces bataillons. Tous les anciens combattants volontaires avec qui j'avais gardé contact sont repartis d'une manière ou d'une autre sur le front, et d'autres Ukrainiens qui étaient restés à l'arrière en 2014 ont cette fois-ci cherché à s'engager. Mais l'effet de la première guerre allait bien au-delà de l'armée. Les réseaux et les savoir-faire de la nébuleuse des bénévoles de la première guerre ont pu être réactivés, et la société ukrainienne s'est de nouveau engagée dans le soutien au front, l'approvisionnement et l'équipement, mais aussi la résistance sur place. Le 23 février 2022 au soir, les restaurants et cafés de Kyiv étaient pleins, et chacun faisait des projets pour les jours à venir, le week-end et, pour certains, déjà, l'été suivant. Pourtant, lorsque l'armée russe a attaqué le 24 février au matin, la société ukrainienne était prête, et chacun a très vite su ce qu'il avait à faire. Dans la résistance massive de la population, le président Volodymyr Zelensky a certainement joué un rôle, en devenant lui-même un héros ordinaire, l'incarnation de son peuple entré dans la résistance[1].

La guerre a rassemblé symboliquement la société ukrainienne, mais elle a aussi creusé un fossé profond entre les

1. Genté Régis et Siohan Stéphane, *Volodymyr Zelensky. Dans la tête d'un héros*, Paris, Robert Laffont, 2022.

Ukrainiens et les Russes. L'acceptation de la guerre par la société russe a eu des conséquences dévastatrices. Alors que les chars russes avançaient sur les routes ukrainiennes et que les bombardements envoyaient les citadins dans les abris, nombreux étaient les Ukrainiens qui nourrissaient dans les premiers jours de la guerre l'espoir que, face à l'horreur d'une attaque aussi brutale, la population russe allait se soulever contre son pouvoir. Dès le 24 février, des actions de protestation sous le mot d'ordre « Non à la guerre » ont effectivement eu lieu un peu partout en Russie : Moscou, Saint-Pétersbourg, mais aussi Ekaterinbourg, Kaliningrad, Perm, Nizhni Novgorod[1]... Un deuxième slogan apparut de plus en plus souvent : « La paix pour l'Ukraine, la liberté pour la Russie », liant opposition à la guerre et opposition au pouvoir autoritaire. Près de quinze mille protestataires ont été interpellés par les forces de l'ordre dans les vingt premiers jours du conflit selon les chiffres de l'ONG « OVD-Info »[2], certains au cours des manifestations, d'autres parce qu'ils avaient exprimé individuellement leur désaccord, avec un sticker « non à la guerre », des vêtements aux couleurs du drapeau ukrainien, ou encore des fleurs déposées devant l'ambassade d'Ukraine. Ces protestations courageuses n'étaient cependant pas assez massives pour constituer une réelle menace pour le pouvoir politique. Les Russes sortis dans la rue étaient ceux-là mêmes qui s'étaient montrés

1. « Arrêtez la guerre ! Partout en Russie des gens sont sorties dans la rue pour protester contre l'invasion de l'Ukraine par la Russie. Des centaines d'interpellations », *Meduza*, 24 février 2022, consulté le 18 juin 2022, source en russe (« Остановите войну ! По всей России люди вышли на акции против вторжения России в Украину. Сотни задержанных », Медуза, 24 февраля 2022 года, https://meduza.io/feature/2022/02/24/ostanovite-voynu).
2. *Ibid.*

critiques envers le pouvoir poutinien depuis des années, sans avoir pu faire bouger les lignes. De nombreuses personnalités influentes du monde intellectuel, artistique ou sportif ont également pris la parole pour dire leur opposition à la guerre. Des lettres ouvertes contre la guerre ont circulé, signées par des collectifs d'académiciens, d'élus municipaux, d'enseignants, d'ONG, de médecins, de programmeurs, de diplômés des grandes universités… Ceux qui s'exprimaient semblaient représenter les couches les plus dynamiques et les plus internationalisées de la société russe. Cependant, ceux qui se sont tus étaient bien plus nombreux, tout comme ceux qui ont exprimé publiquement leur soutien à l'« opération spéciale ». La lettre « Z », dont étaient marqués les premiers convois militaires russes ayant pénétré sur le territoire ukrainien, est devenue un symbole d'adhésion à la guerre, visible un peu partout en Russie. Des conducteurs ont collé des « Z » sur leur pare-brise, des banderoles exhibant cette lettre ont été accrochées dans l'espace public, des maîtresses d'école maternelle ont aligné les enfants de leurs classes en formes de lettre « Z ». Refuser d'utiliser la lettre est devenu synonyme d'opposition au pouvoir.

En mars 2022, à la question « Soutenez-vous à titre personnel l'action des forces armées russes en Ukraine ? », 81 % des Russes répondaient « oui », dont 53 % « oui, complètement »[1]. Autant que l'agression elle-même, ce soutien massif a été un choc terrible pour les Ukrainiens. Les Russes avaient approuvé avec la même conviction l'annexion de

1. Enquête du Centre Levada, « Le conflit avec l'Ukraine », 2 juin 2022, consulté le 18 juin 2022, source en russe (Левада-центр, «Конфликт с Украиной », 2 июня 2022 года, https://www.levada.ru/2022/06/02/konflikt-s-ukrainoj-2/).

la Crimée et le soutien aux séparatistes en 2014, cependant, le contexte semblait alors assez différent. En effet, à ce moment-là, une ambiguïté était savamment entretenue dans les opinions sur la responsabilité des événements et l'identité des belligérants sur le terrain. Les Ukrainiens eux-mêmes avaient, pour certains d'entre eux, des doutes sur ce qui s'était vraiment passé sur le Maïdan, en Crimée et dans le Donbass. En 2022, plus aucun doute n'était possible : l'armée russe bombardait ouvertement les villes ukrainiennes et assassinait les Ukrainiens, militaires et civils. La guerre était bel et bien là, et c'était la Russie qui l'avait déclenchée. Pour beaucoup d'Ukrainiens, il n'était plus possible de trouver des excuses à leurs voisins : la population russe dans son ensemble semblait bien soutenir l'extermination des Ukrainiens.

Interpréter ces chiffres terrifiants sur le soutien à la guerre n'est pas simple. D'une part, que sait-on de ce que les Russes pensent soutenir en disant « oui » ? Dans le premier mois de la guerre, l'accès aux médias d'opposition, mais aussi aux réseaux sociaux internationaux, tels que Facebook, Twitter, Instagram ou Tiktok, avait été considérablement restreint. Les sources d'information auxquelles les Russes ordinaires pouvaient s'abreuver s'étaient taries, et ceux qui ne prenaient pas l'initiative d'installer un logiciel VPN pour accéder aux contenus interdits, entendaient seulement le discours des médias pro-pouvoir. Or, la consigne donnée à ces derniers était d'occulter ce qui se passait véritablement sur le terrain. Le mot « guerre » a été explicitement banni des médias, et ces derniers devaient montrer une opération cantonnée à la région du Donbass, visant à apporter une aide aux populations russophones persécutées par les nationalistes ukrainiens. Ce récit-là s'inscrivait parfaitement dans la continuité de ce que les Russes entendaient sur l'Ukraine depuis des années. La compassion pour les pauvres civils du Donbass se muait facilement en soutien à l'opération quasiment humanitaire mise en place pour les délivrer. Au fil des semaines, la couverture médiatique s'est un peu modifiée. Les destructions et les pertes humaines subies par l'armée russe, dont une petite partie avait été admise par l'armée en mars 2022[1], rendaient évidentes à la fois la résistance opposée par l'armée ukrainienne, et la violence de la guerre. Cependant, le fond du discours n'avait pas besoin de changer : les extrémistes ukrainiens combattant contre l'armée russe étaient plus nombreux et mieux armés que prévu, mais il s'agissait toujours de protéger les civils ukrainiens, heureux de voir arriver la Russie. Dans les reportages diffusés par la télévision russe, les blindés ukrainiens étaient mis hors d'état de nuire, les bombardements d'immeubles étaient imputables aux forces ukrainiennes, et les locaux faisaient la queue pour les colis alimentaires distribués par l'armée russe. Fin mai 2022, alors qu'aucun doute ne pouvait subsister sur la violence et l'intensité de la guerre, les Russes affirmaient encore à 77 % soutenir l'opération militaire spéciale[2].

La répression accrue de la parole est une autre explication de cet important soutien apparent de la population russe. Alors que la liberté d'expression avait été déjà continuellement amoindrie ces dernières années par des pratiques de plus en plus répressives, une loi adoptée en urgence, dix jours après

1. « Pendant la durée de l'opération spéciale, 1 351 militaires russes sont morts, 3 825 sont blessés », *RIA Novosti*, 25 mars 2022, consulté le 19 juin 2022, source en russe (« За время спецоперации погиб 1351 российский военный, 3825 ранены », 25 марта 2022 года, https://ria.ru/20220325/spetsoperat-siya-1780109513.html).
2. Enquête du Centre Levada, « Le conflit avec l'Ukraine », déjà citée.

le début de la guerre, rendait pénalement condamnable toute contestation publique des informations officielles sur l'action des forces armées russes[1]. L'usage du terme « guerre » dans un article, un doute exprimé sur les pertes humaines dans une réunion, ou une contestation de la guerre dans un post sur les réseaux sociaux pouvaient tomber sous le coup de la loi, avec des peines pouvant aller d'une amende conséquente à quinze ans d'emprisonnement. Alors que, au moment des guerres en Tchétchénie, les parents de soldats morts, disparus ou envoyés au combat prenaient souvent la parole, y compris dans les médias, pour exprimer leur désaccord et leur critique de l'armée, ce n'était plus possible en 2022. Dans un climat généralisé de suspicion, certains Russes préféraient sans doute donner des réponses convenues aux enquêteurs qui venaient les sonder, car, après tout, on ne savait pas qui ils étaient et à quelles autorités ils allaient transmettre les réponses. Estimer l'effet de la méfiance n'est pas facile. Des sociologues indépendants ont cherché à poser des questions différemment pour rassurer les enquêtés sur leurs intentions, mais, s'ils obtenaient bien un éventail d'attitudes plus nuancées parmi les réponses qu'ils recueillaient, cela ne suffisait pas à renverser une impression générale de soutien massif à la guerre en Russie[2].

Une autre explication parfois avancée par les psychologues russes est celle d'un mécanisme de défense. Lorsqu'on interroge les Russes en janvier 2022, juste avant la guerre, sur ce qui leur fait le plus peur, à plus de 80 %, ils répondent « la maladie de

1. Loi fédérale n° 32-FZ du 4 mars 2022, portant modification du Code pénal de la Fédération de Russie et des articles 31 et 151 du Code de procédure pénale de la Fédération de Russie.
2. « Do Russians Want War ? », https://www.chronicles.report/, consulté le 19 juin 2022.

ses proches ou de ses enfants », ce qui est une peur universelle, peu liée à l'actualité ou au régime politique. Mais viennent tout de suite après la peur d'une guerre mondiale, qui touche 56 % des personnes interrogées, et la peur de l'arbitraire du pouvoir politique, pour 53 % des Russes[1]. Terrifiés par la guerre et par leur pouvoir, beaucoup de Russes verraient aujourd'hui la réalisation de leur pire cauchemar. Profondément vulnérables face aux autorités, ils choisiraient le seul moyen de défense psychologique à leur disposition : fermer les yeux ou s'identifier à l'agresseur, en espérant que la guerre les épargnera, eux et leurs proches. De génération en génération, l'acceptation aurait été un moyen de survie pour beaucoup de citoyens soviétiques dont les familles ont été malmenées par les successions de répressions, guerres et changements de pouvoir, produisant un « mécanisme habituel de défense victimaire, comme il existe des luxations habituelles », expliquait la psychologue Ludmila Petranovskaia dès 2014[2]. Le Russe ordinaire, parce qu'il pressent une nouvelle flambée de violence qui peut le toucher et contre laquelle lui et les siens sont impuissants à agir depuis des générations, choisirait la position plus sécurisante d'identification à l'agresseur, en espérant qu'elle le protégera.

Cependant, ce serait une erreur de minimiser le soutien sincère de beaucoup de citoyens russes à la guerre, et de considérer que, une fois le voile de la censure levé, les Russes condamneraient massivement l'agression. Comprendre

1. Enquête du Centre Levada, « Les peurs », 12 janvier 2022, consulté le 19 juin 2022, source en russe (Левада-центр, « Страхи », 12 января 2022 года, https://www.levada.ru/2022/01/12/strahi-5/).
2. Petranovskaïa Liudmila, « À la manière de la cinquième colonne », blog personnel de Liudmila Petranovskaïa, 1er mai 2014, consulté le 15 juin 2022, source en russe (Петрановская Людмила, «Пятоколонное », 1 мая 2014, https://ludmilapsyho-log.livejournal.com/230868.html) Traduction de l'autrice.

ce soutien, c'est prendre en compte ce que l'histoire a imprimé dans les consciences, car l'approbation de la guerre d'aujourd'hui se nourrit des non-dits d'hier. L'imaginaire de la Russie, de l'Ukraine et de l'histoire commune a nourri l'adhésion des Russes à la guerre. Si le discours poutinien de la « dénazification » du pays a pris, c'est bien évidemment parce que la rhétorique sur le rôle dominant de l'extrême droite en Ukraine a été omniprésente dans les médias depuis la révolution du Maïdan en 2014, mais c'est aussi parce que l'image de l'Ukrainien pro-nazi a continué à figurer ces dernières décennies dans l'historiographie russe. La méconnaissance non seulement de l'histoire de l'Ukraine, mais aussi de l'histoire complexe de la Seconde Guerre mondiale, a facilité l'imprégnation des clichés diffusés par la propagande. C'est parce que l'histoire de la « Grande Guerre patriotique » a pris une place aussi dominante dans l'imaginaire des Russes, parce qu'elle est devenue une dimension centrale de leur identité, que l'idée de rejouer cette guerre est devenue acceptable, et même souhaitable. Les stickers « 1941-1945 : nous pouvons le refaire », vendus ces dernières années lors des célébrations de la victoire sur le nazisme en Russie, ont préparé et rendu possibles les stickers « Z » du soutien à la guerre contre l'Ukraine. Parce que la Russie avait été victorieuse au nom des forces du bien dans l'autre guerre, elle ne pouvait être que du côté des forces du bien dans celle-ci. Et elle sortirait forcément victorieuse de cette lutte contre le néonazisme ukrainien, quel qu'en soit le prix.

De même, si la rhétorique de la défense de la langue russe et des russophones a eu de l'écho, c'est parce que l'idée de la place privilégiée de la langue et de la culture russes, et de leur nature universelle, est une évidence pour beaucoup de Russes. Favoriser le russe au détriment des langues locales est, pour nombre de citoyens de Russie, y compris et surtout dans les milieux intellectuels, le choix de la modernité contre l'archaïsme, de la ville contre les campagnes, de l'ouverture sur le monde contre la fermeture sur les petites communautés. Cette valeur et cette universalité sont implicitement refusées à l'ukrainien, tout comme à d'autres langues et cultures des peuples qui composaient l'Union soviétique. Seule la culture russe a pu être qualifiée de « grande » dans cet espace, sans que les citoyens de Russie comprennent que cette grandeur n'était pas tant une qualité intrinsèque que le résultat d'une domination historiquement construite. Cette posture dont les racines remontent à l'époque impériale s'est aussi imprégnée chez les populations russophones et russophiles des périphéries de l'empire, et le discours dominateur de la grandeur de la culture russe entendu dans le Donbass a sonné comme une preuve aux oreilles des Russes. « Nous avons défendu la langue russe, la culture russe, le monde russe au prix de nos vies », clamait un représentant de la république autoproclamée de Louhansk au festival « Grandeur du verbe russe » qui s'est tenu en Crimée en juin 2022. « La langue russe est également l'une des armes que nous portions dans nos cœurs pour expliquer la vérité qui se passait dans notre Donbass[1]. » Conduit en pleine guerre, dans un territoire annexé, l'événement dont le nom annonce bien

1. « Le Donbass a défendu la langue russe et la culture russe au prix de la vie, selon le président du parlement de la République populaire de Louhansk », Centre d'information de Louhansk, 7 juin 2022, consulté le 19 juin 2022, source en russe (« Донбасс защищал русский язык и русскую культуру ценой жизни – председатель парламента ЛНР », Луганский информационный центр, 7 июня 2022 года, https://lug-info.com/news/donbass-zashishal-russkij-yazyk-i-russkuyu-kul-turu-cenoj-zhizni-predsedatel-parlamenta-lnr).

le programme, fait de la langue, mais aussi de sa supposée grandeur, une arme plus qu'une richesse.

Enfin, l'acceptation de la guerre s'est aussi enracinée dans le récit politique de la forteresse assiégée proposé par le président russe à sa population. Dans sa première décennie au pouvoir, Vladimir Poutine a promis aux Russes l'enrichissement et la consommation en échange d'un laisser-faire et d'un désengagement de la politique. Dans ce modèle, l'Occident était toujours une référence en termes de niveau et de style de vie, mais il était aussi un partenaire commercial central. Depuis l'annexion de la Crimée, les revenus réels des Russes ont continuellement baissé, et les relations avec les pays occidentaux se sont dégradées. L'ennemi était désormais à l'extérieur, il cherchait à affaiblir la Russie, manipulait l'Ukraine, et était en grande partie responsable des problèmes économiques. La guerre contre l'Ukraine était présentée par le pouvoir russe comme une guerre défensive contre l'agressivité de l'Occident. « On ne nous a simplement laissé aucun autre choix pour défendre la Russie », déclarait Vladimir Poutine le 24 février 2022 pour justifier le déclenchement de la guerre. L'Ukraine était bien un peuple frère, mais un petit frère égaré et sous influence d'ennemis. Il s'agissait de le ramener à la raison, y compris par la force. Un tel discours pouvait paraître bien fragile dans une société russe où avait disparu la relative prospérité des années 2000 et 2010 qui avait été le socle du soutien au pouvoir. Cependant, dans les premiers mois de l'agression, les Russes continuaient à faire plus confiance à ce que leur disait la télévision qu'à ce que leur montrait leur frigo.

Le premier choc de l'adhésion massive des Russes à la guerre a été suivi par les Ukrainiens d'un deuxième, encore plus terrible, lorsqu'ils découvrirent l'extrême violence des exactions commises par l'armée russe sur le terrain. La destruction quasi-totale de Marioupol, les massacres de civils à Boutcha[1], mais aussi dans d'autres localités ukrainiennes, les tortures, les pillages des maisons ont pu être très vite documentés, et rendus publics sur Internet. Dès les premières semaines de la guerre, les militaires russes ont fait preuve d'une cruauté que les Ukrainiens n'auraient jamais imaginée.

Pour comprendre les ressorts de ce basculement dans la violence, bien des éléments manquent encore. Nous savons peu de chose sur les ordres reçus par les soldats sur le terrain, mais surtout sur les frontières de l'acceptable ou du toléré fixées par le commandement. Cette dernière dimension est centrale, car, dans ce type de violences de guerre, il n'y a pas forcément de consignes explicites de tuer, de violer ou de piller, mais davantage un laisser-faire qui tient lieu d'ordre. Nous ne connaissons pas non plus la composition exacte des troupes sur le terrain, et, notamment, le rôle joué par les sociétés militaires privées agissant pour l'État russe. Comprendre ce qui a rendu possible de telles exactions sera la mission des chercheurs dans les années à venir. L'état de la société et de l'armée russe peut cependant nous fournir quelques clefs, car le profil de ces soldats et les conditions dans lesquelles s'est déroulé leur service militaire ont pu les préparer à ce degré de violence. Les informations recueillies sur le profil des combattants russes, notamment ceux qui ont été tués en Ukraine, permettent d'en faire un portrait social : ce sont les couches sociales les plus fragiles, les moins informées et les plus malmenées par leur propre pouvoir qui se sont retrouvées dans les rangs des tortionnaires. L'armée russe recrute en effet dans les

1. Human Rights Watch, « Devastation and Loss in Bucha, Ukraine: Life for Civilians in a Town Encircled by Russian Forces », 2022.

milieux modestes et à la périphérie du pays, dans ces régions défavorisées où les emplois bien payés manquent et les perspectives professionnelles des jeunes sont rares. Les régions du Caucase ou celles de Sibérie orientale sont celles qui semblent avoir fourni le plus de soldats envoyés sur le front dans les premiers mois de la guerre[1]. Ces régions sont celles où les taux de chômage et de pauvreté sont les plus élevés, mais elles sont aussi celles qui ont le plus haut taux de natalité, la population la plus rurale, et un taux de minorités ethniques non russes parfois important. Enfin, les militaires russes morts en Ukraine dans les premiers mois de la guerre étaient souvent très jeunes et avaient un faible niveau d'éducation. L'armée soviétique clamait être une armée d'ouvriers et de paysans ; l'armée russe contemporaine est plus que jamais une armée de milieux défavorisés, alors même que la société est devenue très inégalitaire et que l'évitement du service militaire continue à être massif. Le service militaire sous contrat offre ainsi aux jeunes des milieux modestes l'unique chance d'ascension sociale. Les banlieues kiéviennes confortables de Boutcha ou d'Irpyn, habitées par les classes moyennes de la capitale, ont sans doute été en décalage visible avec le cadre de vie quotidien de certains soldats. Pour ces engagés, l'Ukraine était un lieu très lointain, géographiquement mais aussi symboliquement. La faible préparation de ces militaires et leur état psychologique ont certainement joué comme des facteurs aggravants. Une bonne partie des forces armées russes sur le

1. Ivchina Olga et Prosvirova Olga, « Des généraux aux volontaires : les pertes de la Russie en Ukraine à la date de début juin », BBC News service russe, 30 mai 2022, consulté le 10 juillet 2022, source en russe (Ившина Ольга et Просвирова Ольга, « От генералов до добровольцев : потери России в Украине к началу июня », BBC News Русская служба, 30 мая 2022 года).

front au moment de l'attaque étaient composée de conscrits aussi bien que de soldats sous contrat. Parmi ces derniers, on ne trouvait pas seulement des militaires professionnels entraînés, mais le plus souvent des jeunes qui, à la fin de leur service militaire, avaient pris la décision de rester quelques années dans l'armée. Le niveau de violence continuait à être important au sein de l'armée russe, et était même en augmentation ces dernières années, selon l'aveu des autorités militaires elles-mêmes. La violence des officiers sur leurs subalternes se maintenait notamment, soulignait un haut responsable du Parquet militaire en 2019, en raison d'une mauvaise formation de ces officiers[1]. Il n'est pas impossible que certains soldats, victimes eux-mêmes de violence, aient apporté avec eux les brutalités qu'ils subissaient dans l'armée et auxquelles ils étaient confrontés dans la société russe. Les témoignages de plus en plus nombreux montrent aujourd'hui que les combattants russes n'ont appris qu'au tout dernier moment, pour certains une fois la frontière franchie, qu'ils s'engageaient dans une attaque armée de l'Ukraine. Il est probable que la seule connaissance qu'ils avaient du pays où ils se trouvaient venait des messages martelés par les médias du Kremlin ces dernières années : un pouvoir néonazi, un peuple frère en attente de délivrance. Or, la riposte de l'armée ukrainienne, mais aussi l'hostilité de la population locale ont été massives, immédiates et certainement inattendues, créant un état de choc et de

1. « Le parquet de la Fédération de Russie rapporte une augmentation du nombre de cas de violences physiques par les commandants militaires », Interfax Russie, 22 novembre 2019, consulté le 21 juin 2022, source en russe (« Прокуратура РФ сообщила о росте случаев рукоприкладства командиров в войсках – Россия || Интерфакс Россия », Interfax, 22 ноября 2019 года, https://www.interfax-russia.ru/main/prokuratura-rf-soobshchila-o-roste-sluchaev-rukoprikladstva-komandirov-v-voyskah).

déstabilisation qui s'entend dans les témoignages et interceptions de conversations – non vérifiés – des soldats avec leurs familles, rendus publiques par l'armée ukrainienne.

Quelques mois après le début de la guerre, ce ne sont bien évidemment que des hypothèses qui reposent sur des informations encore très parcellaires. Aucun de ces éléments n'explique, et encore moins ne minimise les exactions de masse, les viols et les tortures perpétrés par l'armée russe, dont l'étendue complète reste à évaluer mais que plusieurs enquêtes, comme celle d'Amnesty International[1] ou de l'OSCE[2] corroborent d'ores et déjà. Les violences de guerre sont certainement présentes également côté ukrainien, sans qu'il soit, pour le moment, possible d'estimer leur ampleur. On peut en revanche observer comment les représentants de l'État dans chaque pays ont réagi à cette violence perpétrée par leurs combattants. Lorsqu'en mars 2022 des vidéos de soldats ukrainiens tirant sur les jambes des prisonniers russes pour les faire parler ont été diffusées par les réseaux sociaux, le conseiller du bureau du président ukrainien Oleksiy Arestovitch déclarait : « Nous traitons ces cas de manière extrêmement sévère. [...] Il y aura une enquête du ministère de la Défense [...]. Il sera notifié à chaque personnel des forces armées que c'est un comportement absolument inacceptable[3]. » Lorsque, début avril, l'Ukraine a accusé une

1. Amnesty International, « Ukraine: "He's not coming back". War crimes in Northwest areas of Kyiv Oblast », 2022.
2. OSCE, « Report On Violations Of International Humanitarian And Human Rights Law, War Crimes And Crimes Against Humanity Committed In Ukraine Since 24 February 2022 », 2022.
3. Chaîne Youtube Feïguine Live, « Trente-deuxième journée. Discussion avec @Alexey Ares-tovych », 27 mars 2022, à partir de 6'30, source

brigade russe spécifique de crimes contre les civils à Boutcha, les autorités russes ont démenti, affirmant que le massacre était une mise en scène ukrainienne. Une dizaine de jours plus tard, le président Poutine décorait la brigade en question « pour l'héroïsme collectif et la bravoure, la force d'âme et le courage dont le personnel de la brigade a fait preuve lors d'opérations de combat[1] », rejetant par ce geste toute possibilité de remise en question de son armée.

Pour un certain nombre d'Ukrainiens et d'observateurs extérieurs, les massacres de civils et l'impunité des responsables s'ajoutent à la liste de preuves montrant que la Russie était en train d'organiser un véritable génocide. Les agissements de l'armée russe « recevront la qualification de génocide du peuple ukrainien », déclarait le président Volodymyr Zelensky le 19 mai 2022[2]. L'historien de la Shoah, Eugene Finkel, expliquait début avril 2022 que, si la nature génocidaire de l'invasion russe n'était pas immédiatement démontrable, et n'avait peut-être pas été présente dans les premières phases de l'agression russe, plusieurs indices lui permettaient désormais de qualifier les événements en cours de génocide[3]. La volonté de changer le régime en Ukraine

en russe et ukrainien (Канал Фейгин Live, «День тридцать второй. Беседа с @Alexey Arestovych Алексей Арестович », 27 марта 2022 года, https://www.youtube.com/watch?v=fx-VTYfAl3A).

1. « Poutine a accordé un nom honorifique à la 64e brigade séparée de fusiliers motorisés », *RIA Novosti*, 18 avril 2022, consulté le 21 juin 2022, source en russe (« Путин присвоил 64-й отдельной мотострелковой бригаде почетное наименование », РИА Новости, 18 апреля 2022 года, https://ria.ru/20220418/naimeno-vanie-1784139938.html).

2. Adresse vidéo de Volodymyr Zelensky, 19 mai 2022, https://youtu.be/6QVIV1Y7efY, consulté le 22 juin 2022.

3. Eugene Finkel sur Twitter, https://twitter.com/eugene_finkel/status/1510951119991812098, 6 avril 2022, consulté le 21 juin 2022.

ou de conquérir le territoire ukrainien n'était pas suffisante pour utiliser ce qualificatif. Cependant, la multiplication de massacres de civils, les discours publics explicitant la volonté d'exterminer les Ukrainiens marquent clairement que l'invasion de l'Ukraine s'accompagne d'un génocide, défini comme un ensemble d'actes commis « dans l'intention de détruire, intégralement ou en partie, un groupe national, ethnique, racial ou religieux[1] ». Le discours public auquel fait référence Finkel est notamment celui de Timofey Serugeïtsev, conseiller politique russe ayant exercé auprès de plusieurs personnalités de premier plan, en Russie comme en Ukraine. Dans un article[2] publié le 3 avril par l'agence étatique de presse RIA Novosti et intitulé « Ce que la Russie doit faire avec l'Ukraine », Sergueïtsev expliquait quelle devrait être l'action de la Russie dans et après la guerre. Le pouvoir ukrainien est néonazi, commençait-il, tout comme une grande partie de la population, la dénazification doit donc toucher les élites comme le peuple. Les combattants doivent être exterminés sur le champ de bataille, la lustration politique (désignant l'élimination de la classe politique et administrative coupable d'avoir servi l'ennemi) doit être totale, une « rééducation atteinte par des répressions idéologiques » est nécessaire vis-à-vis de la population, « non seulement dans la sphère politique, mais obligatoirement dans la sphère de la culture et de l'éducation ». Le nom

1. « United Nations Office on Genocide Prevention and the Responsibility to Protect », https://www.un.org/en/genocideprevention/genocide.shtml, consulté le 21 juin 2022.
2. Sergueïtsev Timofeï, « Ce que la Russie doit faire avec l'Ukraine », *RIA Novosti*, 3 avril 2022, consulté le 21 juin 2022, source en russe (Сергейцев Тимофей, « Что Россия должна сделать с Украиной », РИА Новости, 05 апреля 2022 года, https://ria.ru/20220403/ukraina-1781469605.html).

d'Ukraine ne peut être conservé, continuait-il. « La dénazification devra être aussi une désukrainianisation. » Certes, l'auteur de l'article est une personnalité publique, pas un responsable politique. Cependant, la publication du pamphlet sur le site de l'agence de presse étatique et l'absence de réactions critiques au sein du pouvoir indiquent clairement que ce discours est sinon encouragé, du moins accepté par le Kremlin. Vladimir Poutine n'a-t-il pas affirmé à plusieurs reprises, et notamment lors de sa prise de parole quelques jours avant l'invasion, que l'Ukraine était une entité artificielle, « intégralement créée par la Russie, plus précisément par la Russie bolchévique et communiste », en promettant de la « décommuniser », c'est-à-dire revenir sur son existence même[1] ?

La qualification juridique des violences contre le peuple ukrainien viendra bien plus tard. Cependant, quelles que soient les responsabilités qui seront établies, le fait même qu'un certain nombre d'Ukrainiens – politiques, experts ou simples citoyens – perçoivent l'action de la Russie comme génocidaire montre la profondeur du gouffre entre les deux sociétés. La responsabilité de la société russe dans son ensemble n'a pas vocation à être juridiquement établie. Cependant, elle est politiquement centrale pour les Ukrainiens, de plus en plus convaincus que les citoyens russes sont collectivement coupables de la guerre, et sont donc des ennemis au même titre que les dirigeants ou les militaires sur le front. D'après une enquête conduite par l'institut de sondages Info Sapiens, 53 %

1. Poutine Vladimir, « Discours du président de la Fédération de Russie », http://kremlin.ru/events/president/news/67828, 21 février 2022, consulté le 16 juin 2022.

des Ukrainiens considéraient au milieu du mois d'avril 2022 que les Russes étaient totalement coupables de l'invasion. Ils étaient 35 % un mois et demi auparavant, lorsque l'espoir d'une réaction de la société russe était encore vif en Ukraine[1].

Sont coupables non seulement ceux qui laissent faire la guerre, mais aussi ceux qui expriment leur opposition à la guerre depuis un confortable exil et donnent l'image de « bons Russes » qu'il ne faut pas confondre avec le pouvoir, écrit la journaliste ukrainienne Maria Kucherenko[2]. Sont coupables les Russes qui demandent de faire la différence entre la langue et la culture russes, et le Kremlin, et invitent à protéger la culture russe, car ils contribuent à perpétuer sa domination. Sont coupables ceux qui parlent de réconciliation entre les peuples, dit l'analyste politique Marina Zolkina[3], car ils font avancer l'idée du nécessaire

1. Info Sapiens, « La part d'Ukrainiens opposés à l'interdiction de l'entrée de l'Ukraine dans l'OTAN en tant que condition pour terminer la guerre a augmenté en même temps que la foi dans la victoire », 25 avril 2022, consulté le 21 juin 2022, source en ukrainien (Info Sapiens, « Частка українців, які виступають проти заборони на вступ України до НАТО як умови закінчення війни, зросла разом з вірою у перемогу », 25 квітня 2022 р., https://sapiens.com.ua/ua/publication-single-page?id=223&fbclid=IwAR0Ho3a_jf8Xxnj1O-JxOsXBGH4JbW6dopc-D9XOhMW2uosFwbL7Nt_yfKvHU).
2. Maria Koucherenko, « Les "bons Russes" comme instrument de la propagande. Pourquoi les faux opposants et les dissidents russes sont toxiques », LB. ua, 4 mai 2022, consulté le 21 juin 2022, source en ukrainien (Марія Кучеренко, « "Хороші росіяни" як інструмент пропаганди. Чому вдавані російські опозиціонери та незгодні токсичні », LB. ua, 4 травня 2022 р., https://lb.ua/world/2022/05/04/515657_horoshi_rosiyani_yak_instrument.html).
3. Urbanskaïa Tatiana, « Les "bons" russes », UNIAN, 29 mars 2022, consulté le 21 juin 2022, source en russe (Урбанская Татьяна, « "Хорошие" русские », 29 марта 2022 года, https://www.unian.net/society/horoshie-russkie-novosti-ukrainy-11764804.html).

dialogue qui n'est qu'un paravent visant à forcer l'Ukraine à se plier aux conditions de la Russie. Sont coupables les membres du Comité russe d'action, composé de Russes opposés à la guerre, qui, dans leur déclaration, continuent à brandir le concept de grandeur de la Russie[1]. Rejeter ce qui est russe, ce qui est Russie, ce qui est russophonie, est pour de plus en plus d'Ukrainiens une forme de résistance à une agression multiforme.

Les questions que se posent les opposants russes à la guerre sont similaires, et les réponses ne sont pas simples. La guerre a-t-elle été déclenchée par un dirigeant isolé contre la volonté de son peuple, ou celui-ci a-t-il simplement traduit en action les aspirations les plus noires de sa population ? Les concessions faites au pouvoir russe par la société pendant des années ont-elles préparé l'agression ? S'exiler serait-il la seule solution pour faire vivre une Russie différente, ou un abandon et un blanc-seing donné au pouvoir ? Comment se dire victime collatérale de la guerre, alors que les victimes directes périssent dans des bombardements qu'on croyait ne plus revoir sur le continent européen ? Comment ne pas tomber dans une routine qui fera de la guerre la nouvelle normalité ?

Rarement un retour critique aura été aussi fort dans les milieux intellectuels russes. Rarement l'exil des têtes pensantes aura été aussi massif. Cependant, chaque ville occupée par l'armée russe, chaque mot ukrainien effacé, chaque civil tué, et, surtout, chaque jour d'indifférence pendant lequel la société russe a continué à vivre comme si de rien n'était, éloignent un peu plus la possibilité de se parler et de s'entendre.

1. « Comité russe d'action », https://ruskd.com/en/, consulté le 21 juin 2022.

Conclusion

La guerre qui se déroule aujourd'hui sur le territoire de l'Ukraine est un enchevêtrement de multiples dynamiques et chaînes de causalités. Le rôle du président russe et de son entourage dans la décision d'attaquer l'Ukraine, l'impact des acteurs internationaux impliqués dans la région, les intérêts et dépendances économiques sont des éléments cruciaux pour comprendre ce qui a fait revenir la guerre sur le continent européen. Donner du sens aujourd'hui aux événements est politiquement indispensable, mais scientifiquement impossible. Du point de vue des sciences sociales, on manque de recul pour décrire, qualifier et mettre en perspective ce qui se déroule sous nos yeux. Le temps des analyses académiques viendra plus tard. Sur le terrain, en Ukraine comme en Russie, on ne cesse pourtant de tenir des discours sur la nature de cette guerre, dans lesquels la question du commun entre les deux sociétés est centrale.

Le passé partagé, la proximité culturelle sont une illusion, entend-on côté ukrainien. Plus encore, l'idée de peuples tellement proches qu'ils n'en feraient qu'un serait un cheval de Troie permettant de détruire l'Ukraine de l'intérieur et de l'effacer de la carte du monde. Ce qu'on présentait comme une fraternité, disent les Ukrainiens, s'est révélé un rapt. N'ayant pas réussi à détruire l'Ukraine par la répression soviétique ou par les moyens politiques depuis la fin de l'URSS, la Russie poursuivrait son projet de destruction par les armes, et ce projet n'a vocation à s'arrêter que quand la Russie perdra définitivement, ou quand le dernier Ukrainien sera exterminé.

Côté russe, c'est surtout le Kremlin qui tient aujourd'hui un discours sur l'Ukraine, dans lequel il plonge dans un passé profondément mythifié, et puise dans les imaginaires populaires pour décrire l'Ukraine comme un peuple jumeau faillible, ayant trahi le sang commun et cédé aux sirènes occidentales. L'Ukraine serait une Russie transformée en anti-Russie par l'Occident hostile. La guerre, dit le pouvoir russe, est juste, car elle vise à libérer l'Ukraine de cette emprise et à restaurer une unité naturelle entre deux peuples frères, mais aussi à montrer aux Occidentaux que la Russie ne peut pas être défaite.

La ligne de fracture que dessinent les deux discours montre bien la nature existentielle de la guerre qu'on ne peut réduire à une volonté de conquête territoriale ou d'accès à de nouvelles ressources naturelles ou économiques. Si les enjeux de la guerre dépassent largement l'Ukraine et la Russie, les deux sociétés y engagent leur identité et la possibilité même de leur existence.

L'objectif de ce livre, écrit dans les premiers mois de la guerre, a été de prendre comme point de départ ces discours pour regarder les sociétés russe et ukrainienne dans ce qu'elles ont partagé et dans ce qui les a séparées, depuis le début du XXe siècle soviétique et jusqu'à la rupture brutale de l'invasion russe en février 2022. Ce livre est donc un portrait croisé des deux peuples que l'on ne connaît pas toujours bien, et dont, d'ailleurs, la connaissance mutuelle n'est pas aussi profonde qu'on pourrait le croire. Il est une synthèse plus que le résultat d'un travail d'enquête, un éclairage destiné à donner des clefs de lecture de la guerre qui se déroule devant nos yeux.

Les sociétés russe et ukrainienne d'aujourd'hui ont été façonnées par une histoire qui est à la fois enchevêtrée et distincte. La référence à l'histoire a été utilisée par le Kremlin comme justification de la guerre, et des moments douloureux du passé ressurgissent en permanence dans le présent, lourds de méconnaissance et d'idées reçues. La guerre actuelle nous saisit également de rimes historiques, comme ces convois chargés de blé ukrainien spolié par les forces d'occupation russes au sud de l'Ukraine, qui font écho aux chargements de blé confisqué aux paysans par le pouvoir soviétique lors de la Grande Famine des années 1930. Pour comprendre le poids et l'impact de cette histoire, le livre aborde trois questions centrales, le passé soviétique, la Seconde Guerre mondiale et la Shoah, à la fois pour souligner les points communs et les différences de vécu historique, mais aussi pour montrer comment la mémoire de ces événements s'écrit au présent dans les deux sociétés.

Les trente années ayant suivi la fin de l'Union soviétique ont aussi été vécues différemment par les Russes et les Ukrainiens. Le livre ne fait pas une présentation exhaustive de ce passé récent, mais cherche plutôt à expliquer ce qui, parfois, est mal compris : la place sociale et politique des langues, en Ukraine mais aussi en Russie, la politique culturelle que la Russie cherche à conduire dans son voisinage, la relation entre les citoyens et l'État dans les deux sociétés, mais aussi la place de la violence dans cette relation.

Chacun de ces éléments est une pièce de puzzle qui permet de mettre en perspective ce qui se joue actuellement entre les deux pays. Aucun d'entre eux n'est déterminant.

Ni les non-dits de l'histoire traumatique des répressions staliniennes, ni l'histoire complexe de la Seconde Guerre mondiale, ni l'ambiguïté du passé soviétique, ni la place des langues russe et ukrainienne, ni le régime politique, ni l'expérience des guerres passées n'expliquent l'entrée de la Russie en guerre contre l'Ukraine et le gouffre de plus en plus profond creusé entre les deux sociétés. Cependant, l'histoire douloureuse du XXe siècle tout comme les évolutions plus récentes ont préparé les conditions qui ont rendu possible ce qui se passe aujourd'hui.

La troisième partie du livre raconte l'histoire d'une cassure qui aurait pu ne jamais avoir lieu, de la révolution du Maïdan à l'annexion de la Crimée, puis à la guerre dans le Donbass, et, enfin, à cette guerre ouverte déclarée en 2022 qui a fini de briser le lien qui existait encore entre les deux sociétés. La société russe, en grande partie aveugle à cette guerre conduite en son nom, ne réalise pas encore la profondeur de la déchirure, qui est pourtant entérinée du côté de l'agressé, l'Ukraine. Pour les Ukrainiens désormais, tout ce qu'il pouvait y avoir de commun avec les Russes – la langue, les références culturelles partagées, la mixité, les souvenirs de l'époque soviétique – n'est plus vu que comme l'effet d'une domination et d'une oppression. La blessure est d'autant plus douloureuse que bien des Ukrainiens tenaient sincèrement aux vers de Pouchkine appris en classe, aux célébrations de la victoire le 9 mai, aux chansons fredonnées et aux séries russes à la télévision, aux souvenirs communs des colonies de vacances et aux amitiés qui avaient transcendé l'érection des frontières. Aujourd'hui, le Russe devient un Autre, d'autant plus hostile qu'il se cache derrière une apparence fraternelle.

L'arrêt des combats ne suffira pas pour que les deux peuples puissent à nouveau se parler et se comprendre. Le chemin vers l'autre ne pourra se faire que lorsque la Russie, pouvoir et société, sera prête à reconsidérer ses valeurs, son passé et la vision de son avenir, quand elle acceptera d'affronter les épisodes douloureux de son histoire, de s'interroger sur sa responsabilité et de questionner cette « grandeur de la Russie » qui lui sert aujourd'hui d'étendard. On avait pensé, à tort, les comptes de l'Union soviétique soldés lorsqu'elle s'était dissoute sans conflictualité majeure en 1991. Le vrai prix à payer nous est donné aujourd'hui.

Remerciements

Ce livre a été écrit entre les mois d'avril et de juin 2022 dans l'urgence de la guerre qui a fait émerger un immense besoin de comprendre. Je ne me serais sentie ni la légitimité ni la force de tenter d'y répondre sans l'encouragement, le soutien et l'amitié des personnes que je tiens à remercier ici.

Merci à Patrick Boucheron de m'avoir mise sur la voie de ce livre et de l'avoir porté par sa confiance.

Merci à Dominique Arel, Juliette Cadiot, Anne Le Huérou, Ioulia Shukan, mes interlocuteurs indispensables dans le travail quotidien de recherche, d'avoir été des premiers lecteurs vigilants, bienveillants et disponibles. Pouvoir compter sur votre compétence a été un point d'appui précieux dans l'écriture de ce livre sans, bien sûr, que celui-ci n'engage votre responsabilité sur les erreurs et approximations qui me sont entièrement imputables.

Merci à Aude Sécheret d'avoir cru en moi avec une énergie contagieuse.

Merci à Caroline Pichon d'avoir pétri le texte avec moi, avec attention et bonne humeur, et de l'avoir rendu bien meilleur.

Ce livre s'est abondamment nourri des travaux de nombreux collègues historiens, politistes et sociologues, spécialistes de l'Union soviétique ou des États post-soviétiques.

Je ne saurais les énumérer tous, mais je tiens à les remercier collectivement. Chacun de vos travaux constitue une pièce précieuse du puzzle qui permet d'éclairer ce qui se joue aujourd'hui. Nos séminaires de recherche, écoles d'été et autres journées d'études ont été des précieux lieux de rencontres et de croisement des thématiques, terrains et concepts qui sont la matière de ce livre.

Merci également aux correspondants sur le terrain qui ont été, depuis plusieurs années, de véritables partenaires de mes recherches. Les échanges réguliers avec Véronika Dorman, Régis Genté, Sébastien Gobert, Stéphane Siohan, Olivier Tallès, Benoît Vitkine, Elena Volochine et bien d'autres, ont toujours enrichi mon travail et ma réflexion.

Merci à Guillaume, partenaire de vie et compagnon intellectuel, qui sait ce que ce livre lui doit. Merci enfin à mes enfants, Clara et Naoum, pour la lumière et l'énergie dont ils me nourrissent au quotidien.

Table

TROISIÈME PARTIE
Un même horizon ?

RÉALISATION : NORD COMPO À VILLENEUVE-D'ASCQ
IMPRESSION : CPI FIRMIN-DIDOT AU MESNIL-SUR-L'ESTRÉE
DÉPÔT LÉGAL : SEPTEMBRE 2022. N° 151868 (170089)
Imprimé en France